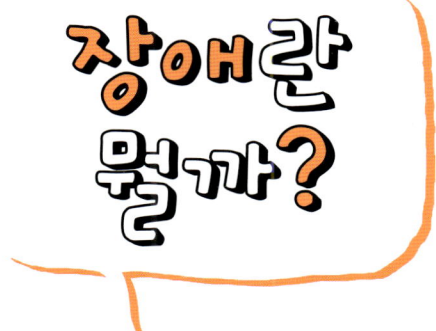

나에게 많은 것을 가르쳐 준 모든 스미스마제니스증후군 아이들에게
엘렌 드 레스니데르 박사

할아버지 할머니를 추억하며,
파울로에게
소피 보르데-프티용

아브랑슈 초등학교의 카트린 르메 선생님, 미레유 로케 선생님,
올리비에 바야르 선생님과 학생들에게 감사의 마음을 전합니다.

델핀 솔리에르, 아니크와 스테판 르블레 부부,
오렐리 베르투에게도 감사합니다.

솔직한 마음을 이야기해 준 멜리스, 가브리엘,
앙투안과 마르크-앙투안도 고마워요.

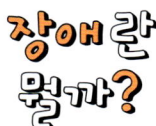

꼬마 철학자 ❷
장애란 뭘까?

엘렌 드 레스니데르 · 소피 보르데-프티용 글 | 엘리자 라제 그림 | 배형은 옮김 | 서천석 감수

1판 1쇄 발행 2012년 1월 15일 1판 7쇄 발행 2018년 12월 19일 펴낸이 정중모 펴낸곳 톡
등록 1988년 1월 21일(제406-2000-000202호) 주소 경기도 파주시 회동길 152
전화 031-955-0670 팩스 031-955-0661~2 전자우편 bbchild@yolimwon.com 홈페이지 www.bbchild.co.kr
ISBN 978-89-6155-320-9 978-89-6155-246-2 73100(세트)

Comment On fait quand on est handicapé?
by Dr Hélène De Leersnyder, Sophie Bordet-Petillon and Élisa Laget

Original copyright © Bayard Éditions, 2010
All rights reserved.
Korean translation copyright © Bluebird Publishing Co., 2012
This Korean edition published by arrangement with Bayard Éditions through Sibylle Books Literary Agency, Seoul Korea.

이 책의 한국어판 저작권은 시빌에이전시를 통해 프랑스 Bayard Éditions 출판사와 독점 계약한 파랑새 출판사에 있습니다.
저작권법에 의하여 한국 내에서 보호를 받는 저작물이므로 무단전재와 복제를 금합니다.

어린이제품안전특별법에 의한 제품 표시
제조자명 톡 | 제조년월 2018년 12월 | 제조국 대한민국 | 사용연령 8세 이상

 생각을 톡(toc) 틔워 주고, 마음속에 담긴 이야기(talk)를 나눌 수 있는 책을 만듭니다.

장애란 뭘까?

엘렌 드 레스니데르·소피 보르데-프티용 글
엘리자 라제 그림 배형은 옮김 서천석 감수

꼬마 철학자 ❷

누가 이 책을 만들었을까요?

초등학교 3~5학년 학생들과 선생님
학생들은 주어진 상황이나 어린이 책에서 고른 이야기들을 보고, 장애라는 주제를 곰곰이 생각하고, 자기 생각을 솔직하게 표현하고, 자유롭게 질문했어요.

소아과 의사인 엘렌 드 레스니데르 박사님
선생님은 오래전부터 신경 장애나 유전적 장애를 지닌 어린이들을 맡아 보고 있어요.
선생님이 학생들의 질문에 대답해 주셨지요.

소피 보르데-프티용 작가님
선생님은 어린이들의 질문과 엘렌 박사님의 대답을 모아서 쉽고 재미있는 글로 썼어요.

엘리자 라제 그림 작가님
선생님은 여러분이 이 책을 더욱 잘 이해하고 재미나게 볼 수 있도록 그림을 그렸어요.

배형은 번역 작가님
선생님은 여러분이 이 책을 읽을 수 있게 프랑스 어를 우리말로 옮겨 주셨어요.

서천석 감수 선생님
선생님은 행복한아이연구소에서 어린이와 청소년을 만나는 소아청소년정신과의사예요. 아이들이 겪는 마음의 어려움, 두뇌의 약점을 해결하는 방법을 찾으려고 오늘도 노력하고 계세요. 선생님은 여러분이 이 책을 쉽고 정확하게 읽을 수 있도록 꼼꼼하게 확인해 주셨어요.

우리 모두는 존중받고 사랑받아야 하는 존재예요

장애, 장애인. 이 말이 어떻게 들리나요? 그리 좋게 들리지는 않지요? 많은 친구가 '너 완전 장애인 같아!' 이렇게 서로를 놀리곤 합니다. 장애인이란 안 좋은 것, 부끄러운 것이라고 생각하기에 할 수 있는 말이지요. 하지만 장애를 가진 것은 절대로 부끄러운 것이 아닙니다. 장애가 없으면서도 자기 할 일도 제대로 못하고 남에게 피해를 끼치며 사는 것이 부끄러운 것이지요.

장애를 갖고 싶어 장애를 갖게 된 사람은 없습니다. 남자로 태어나고 싶어 남자로 태어나는 사람도 없고, 한국인이고 싶어 한국인인 사람도 없듯 장애인들도 장애인으로 태어나겠다고 선택한 것은 아닙니다. 자기가 선택한 일이 아닌 것은 부끄러울 이유가 없습니다. 오히려 장애인이라 놀리고 괴롭히는 것이 부끄러운 행동입니다. 자기가 선택한 행동이니까요.

어른들은 이렇게 말하기도 해요.

"다 똑같은 사람이야."

하지만 좀 이상하지요. 뭔가 다르긴 다른데, 나와는 달리 뭔가 부족하고 못하는 부분이 있는데…….

그래요. 부족한 것이 없다면 장애인이 아니겠지요. 하지만 어른들의 말은 우리 모두 사람이란 뜻이랍니다. 즉, 인간으로서 존중받고 사랑받을 자격이 있다는 말입니다. 장애를 가졌든, 갖지 않았든 우리는 인간으로서 차이점보다 공통점이 훨씬 많습니다.

그런데 왜 약한 사람들을 도와줘야 할까요? 그냥 무시하면 안 될까요?

어른들이 내가 어리다고 날 무시할 때가 있듯 나도 그 친구들을 무시하고 괴롭히면 안 될까요?

사실 백 년 전만 해도 장애인은 좋은 대접을 받지 못했습니다. 독일의 나치 정권은 장애인들을 열등한 존재로 취급하며 결혼도 못하게 하고 심지어 죽이기도 했지요. 그들이 있어 봤자 사회에 도움이 안 된다고 생각했거든요.

하지만 우리 가운데 가장 약한 자를 무시해서 없앤다면, 그다음에는 그보다 조금 덜 약한 자가 당할 것입니다. 그래서 그들이 없어지면 살아남은 사람들 가운데 가장 약한 사람이 공격 대상이 되겠지요.

가장 약한 사람도 한 사람의 인간으로 존중할 때 우리 사회는 모두가 존중받는 사회가 될 것입니다. 힘이 약하다고, 공부를 조금 못한다고, 운동 실력이 뒤떨어진다고 무시당하지 않고 자신의 장점을 마음껏 발전시킬 수 있을 겁니다. 그래야 사회도 더 발전하고 우리 모두가 함께 행복해집니다. 언제라도 내가 다치고 병들면 무시받을 것이라고 생각한다면 우리는 얼마나 불안할까요? 그런 불안이 적은 사회가 건강한 사회입니다.

이 책은 여러분이 장애를 더 깊이 생각할 수 있도록 돕는 책이랍니다. 생각하지 않으면 우리는 자기도 모르게 약한 사람을 무시하고 자기 편한 대로만 하려 하지요. 그래서 이 책은 소중합니다. 여러분이 생각을 할 수 있도록 도와주니까요. 그리고 여러분은 물론 우리 사회 전체가 더 건강한 길을 가도록 도와줄 거예요. 자, 이제 한번 책을 열어 볼까요?

서천석 행복한아이연구소장·소아청소년정신과의사

차례

우리 모두는 존중받고 사랑받아야 하는 존재예요 8-9

장애가 있는 어린이들이 전하는 말 12-15

어떤 사람을 장애가 있다고 하나요? 16-17

키가 아주 작은 사람도 장애인인가요?
말을 더듬거나 글씨를 굉장히 못 쓰는 아이도 장애가 있는 건가요? 18-19

장애는 나을 수 있나요? 20-21

장애는 왜 생기나요? 22-23

아기가 엄마 배 속에서 장애인이 될 수도 있나요? 24-25
부모님이 시각 장애인이면 아이도 태어날 때부터 시각 장애인이 되나요?

장애가 있는 아이를 키우는 건 어려운 일이에요 26-27

장애인이 되면 불편해져요 28-29

장애인을 보면 여러 가지 마음이 생겨요 30-31

장애인을 자꾸만 쳐다보게 돼요
장애인을 놀리는 건 인종 차별인가요? 32-33

장애인은 장애를 어떻게 느낄까요? 34-35

정신 장애인은 자기가 장애인이라는 사실을 아나요? 36-37

장애인은 왜 있을까요? 38-39

장애가 없어지면 좋겠어요 40-41

어떤 장애인들은 왜 몸이 움직이지 않을까요?
장애가 있으면 아픈가요? 42-43

어떤 장애인들은 왜 침을 흘리나요?
이동하기 어려운 장애인들은 어떻게 다니나요? 44-45

몸이 마비된 사람들은 왜 수영장에 가나요?
돌고래랑 재활 치료를 하는 장애인을 텔레비전에서 봤어요! 46-47

바보처럼 보이는 장애인도 있어요!
몸은 어른인데 머릿속은 아이 같아요! 48-49

어떤 장애인은 왜 마구 화를 낼까요?
'자폐증'은 무엇인가요? 50-51

시각 장애인은 정말 아무것도 볼 수 없나요?
시각 장애인은 왜 검은 색안경을 끼나요? 52-53

시각 장애인은 집을 어떻게 찾아가나요? 54-55

시각 장애인은 어떻게 글을 쓰나요? 56-57

청각 장애인은 왜 말을 하지 못하나요?
청각 장애인은 어떻게 자기 생각을 표현하나요? 58-59

장애가 있는 어린이도 친구들과 함께 학교에 다닐 수 있어야 해요! 60-61

장애인도 일할 수 있나요? 62-63

장애인인 우리 고모는 계속 할아버지, 할머니와 함께 살아요! 64-65

장애인도 결혼해서 아이를 낳을 수 있나요? 66-67

장애인을 어떻게 도울 수 있나요? 68-69

우리나라 점자는 어떻게 쓰나요?
브라유 점자는 무엇인가요? 70-73

우리나라 수화는 어떻게 하나요? 74-77

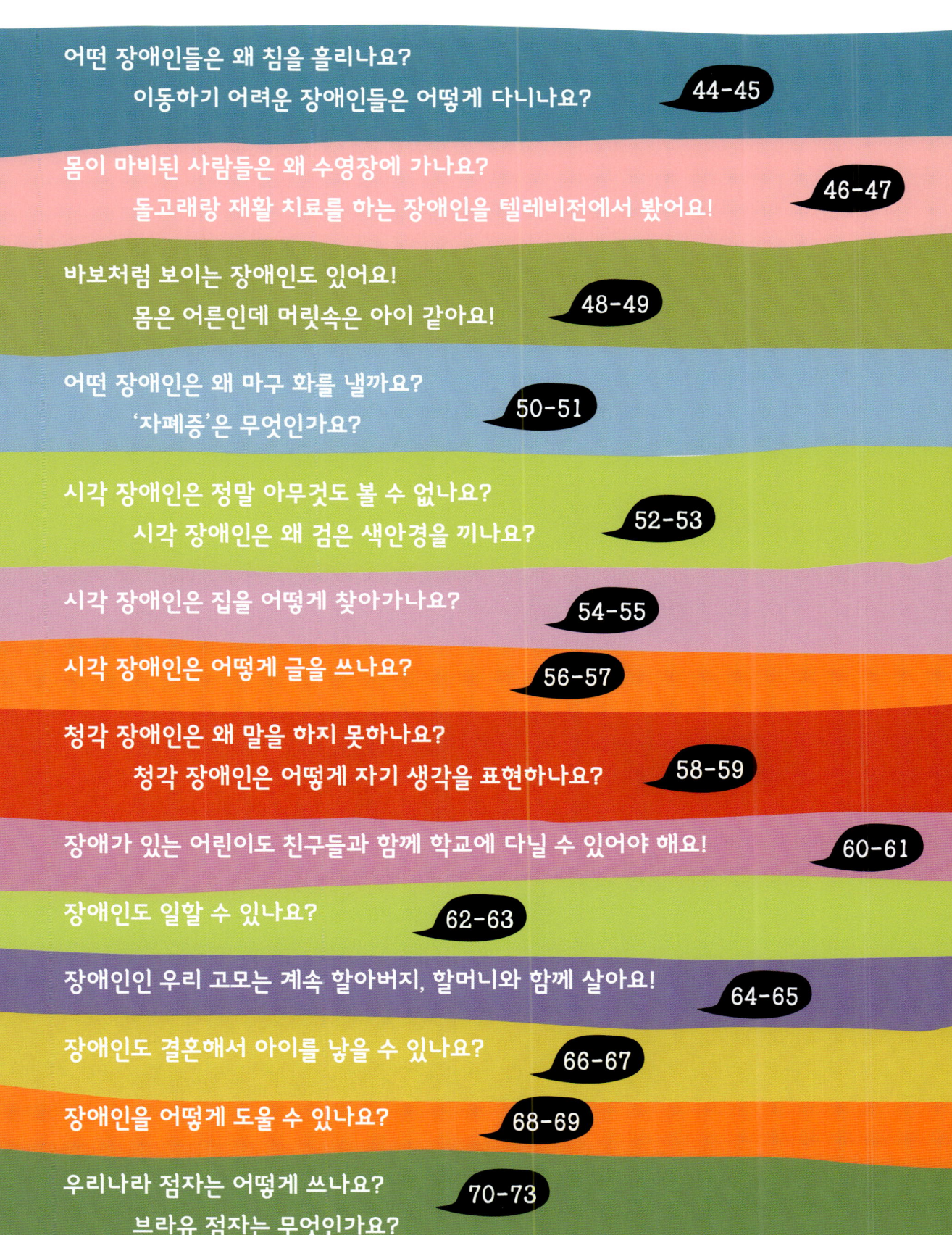

장애가 있는 어린이들이 전하는 말

난 태어날 때부터 장애가 있었어. 다리 근육이 제대로 움직이지 않았거든. 의사 선생님들도 그게 무슨 병이고 왜 생겼는지 모른대. 그래서 나는 비뚤게 걸어. 아주 멀리 가야 할 때는 휠체어를 타야 해. 하지만 내가 다른 친구들과 다르다는 생각은 안 들어. 사람들이 나한테 어디가 아프냐고 물어보면, 나는 태어났을 때부터 장애가 있었고 그건 내 잘못이 아니라고 설명해 줘.

가끔 속상할 때도 있어. 뛰어다니고 싶을 때나 다른 사람들을 따라잡을 수 없을 때, 친구들이 나를 기다려 주지 않을 때가 그래. 우리 반에 어떤 남자애는 나를 자꾸 놀려. 그래서 그 아이랑 자꾸 싸우게 돼. 하지만 다른 애들은 괜찮아. 나쁜 애들이 아니거든. 나는 친구가 많아. 나는 행복해. 방에서 놀 때나 DVD를 볼 때는 정말 행복해.

나의 가장 큰 꿈은 어마어마하게 커다란 하얀 트럭을 모는 거야. 파란 짐받이에 갈매기 장식이 있는 트럭을 몰고 싶어. 그리고 내가 좋아하는 사람들이랑 세계 일주를 할 거야.

Marc-Antoine 마르크-앙투안, 여덟 살

"나는 아스퍼거 장애가 있어. 아주 가벼운 정도라서 눈에 잘 띄지 않지만. 나한테 장애가 있다는 걸 안 지는 일 년쯤 됐어. 아빠 엄마가 나를 파리에 있는 커다란 어린이 병원에 데려가서, 내가 왜 이상한 행동을 하는지 이유를 알아냈지. 나는 내가 남들과 다르다는 게 기분 좋아.
내 뇌는 다른 사람들의 뇌와 완전히 똑같이 움직이지 않는대. 기억력이 굉장히 뛰어나다는 게 내 장점이야. 나는 특히 수학과 체스, 전략 게임을 잘해. 물론 남들보다 부족한 점도 있어. 나는 다른 사람들과 주고받으며 이야기하는 것을 잘하지 못해. 그런 걸 자폐증이라고 부른대. 나는 아무것도 아닌 일로 신경질을 낼 때가 자주 있어. 이런저런 일을 해야만 한다는 걸 이해하지 못하거든. 그래서 나와 내 주변 사람들은 함께 사는 게 쉽지 않아.

학교에서 나를 괴롭히거나 놀리는 애들도 가끔 있어. 그럴 때면 참을 수가 없어서 나도 화를 내 버려! 그 생각은 너무 많이 하지 않으려고 해. 발음 교정과 작업 치료를 받으면 기분도 나아지고 다른 사람들과 함께 사는 데 도움이 된대.

나는 나중에 컴퓨터 회사나 연구소에서 일하고 싶어.

Antoine 앙투안, 열 살

장애가 있는 어린이들이 전하는 말

« 나는 태어났을 때부터 귀가 들리지 않아. 보청기를 쓰지만 다 알아듣지는 못해. 그래서 입술 모양을 보고 말뜻을 이해하고, 손짓으로 내 생각을 표현해. 나는 학교생활도 아무 도움도 받지 않고 따라갈 수 있어. 조그만 보청기가 수업을 더 잘 들을 수 있게 해 주거든. 하지만 문제는 모두 소리가 정확히 들리지 않는다는 거야. 얼마 전에는 "고양이"를 "호랑이"라고, "지금 어디니?"를 "지금 거기니?"라고 들었어. 그러면 기운이 쭉 빠지고 우울해지곤 해.

나는 친구가 없어. 아이들은 내가 뭘 어려워하는지 별로 신경을 쓰지 않거든. 여자 친구들은 재미난 이야기를 할 때면 작은 목소리로 너무 빨리 얘기해. 그리고 누가 말을 하는지 알 수가 없어서 늘 찾아야 해.

나는 나중에 자연을 보호하는 일이나 과학이랑 관련된 일을 하고 싶어. 하지만 무엇보다 소리를 들을 수 있으면 좋겠어. »

Maylis 멜리스, 열 살

"나는 다운증후군이야. 그건 내가 세상을 이해하기 어려울 수 있다는 뜻이기도 해. 학교 수업도 따라가기 어렵지. 그런 생각을 하면 좀 슬퍼져. 하지만 어떤 분야에서는 아주 똑똑해! 나는 지금 장애인 중학교 2학년이야. 수학, 과학, 사회, 지리에 재능이 있어. 하지만 국어는 잘 못해. 그래도 발음을 고쳐 주는 선생님이 계시니까 점점 좋아질 거야.

나는 내가 남들과 많이 다르지 않다고 생각해. 나도 다른 사람들과 똑같은 걸 좋아하거든. CD 듣기, DVD 보기, 비디오 게임하기, 춤추기, 요리하기……. 그 가운데 내가 가장 좋아하는 건 축구야. 올랭피크 드 마르세유 팀이나 아스날에서 사미르 나스리랑 함께 뛰는 내 모습을 상상해 보기도 해. 또, 나는 유도도 하고 수요일에는 탁구 시합도 해.

하지만 가끔 쉬는 시간에 외톨이가 되기도 해. 어떤 아이들이 나를 놀리거든. 나는 나를 지키는 방법을 배웠어. 놀림을 받는다고 의기소침해지기 싫거든. 나는 친구들이랑 더 많이 놀고 싶어. 때로는 친구네 집에 놀러 가서 자고 오고 싶어.

내가 다운증후군이라는 건 별로 신경 쓰이지 않아. 행복해질 수 없다는 뜻은 아니니까. 오히려 나는 내 장애를 이용할 때도 있어. 예를 들면 숙제를 할 때, 무슨 소리인지 모르겠다고 연기를 해. 사실은 연습 문제를 몽땅 풀 수 있는데도!

나중에는 직업도 갖고 가정도 꾸리고 싶어. 나는 마농이라는 여자애를 좋아해. 마농이랑 결혼해서 아이들을 낳고 싶어."

Gabriel 가브리엘, 열네 살

어떤 사람을 장애가 있다고 하나요?

다른 사람에 비해 불편한 점이 있는 사람을 장애인이라고 해요. 신체나 정신, 그러니까 몸이나 두뇌에 문제가 있어서 활동이 자유롭지 않은 사람들을 말하지요. 장애는 심할 수도 있고, 가벼울 수도 있어요.

예를 들어, **지체 장애인**은 몸을 움직이거나 다른 장소로 옮겨 가기가 어려운 사람을 가리켜요. 팔다리 일부가 없거나 마비되었거든요. 또는 뇌가 팔다리에 명령을 내릴 수 없게 되었기 때문이에요.

그래서 지체 장애인은 때때로 휠체어를 타야 해요. 말을 하거나 숨을 쉬는 일도 역시 몸을 움직여야 해서 지체 장애인에게는 어려운 일일 수 있어요. 지체 장애인 가운데 발음을 또박또박하지 못하는 사람도 있고, 숨이 차서 달리지 못하는 사람도 있지요.

정신 장애인은 이해하거나 대화를 나누는 일, 배우거나 결정하는 일을 어려워할 때가 많아요. 수업 시간에 자리에 앉아 있거나 자기 차례를 기다리는 일처

럼, 사회에서 다른 사람들과 함께 살아가려면 꼭 필요한 규칙을 받아들이기 어려울 때도 있지요.
앞을 보지 못하거나 소리를 듣지 못하는 사람들은 **감각 장애**가 있다고 해요. 시각, 청각 같은 감각에 문제가 있거든요. 그런 사람들을 시각 장애인이나 청각 장애인이라고 해요.

한 사람에게 여러 가지 장애가 있을 수도 있어요. 그런 경우에는 **복합 장애**가 있다고 해요.

장애인은 비정상인가요?

사람들이 장애인을 이야기할 때, '비정상'이라고 말하기도 해요. 그 말은 사회가 '정상'인 사람들과 '비정상'인 사람들, 이렇게 둘로 나뉜다는 뜻일까요? 절대 그렇지 않아요. 장애인도 다른 사람들과 똑같은 욕구가 있는 똑같은 사람이에요. 학교에 가고, 일하고, 투표할 권리가 똑같이 있지요. 사회생활의 규칙을 지키고 다른 사람들을 존중해야 할 의무도 똑같이 있고요. '비정상'이라는 말은 적당한 말이 아니에요. 심지어 불쾌한 느낌을 주는 표현이지요.

키가 아주 작은 사람도 장애인인가요?

«키가 굉장히 작은 사람은 일상생활에 필요한 일들을 해내기가 무척 어려워요. 슈퍼마켓에서 장을 보기도 어렵고, 은행의 현금 인출기에서 돈을 뽑지 못할 수도 있어요. 키가 너무 작으면 언제나 손이 닿는 높이를 벗어난 것들로 가득한 세상과 맞서야 해요.

키가 아주 작은 사람은 대개 **뼈가 자라지 못하는 병**에 걸린 경우가 많아요. 치료나 수술을 받을 수 있지만, 그렇다고 키가 반드시 자라지는 않아요. **그런 의미에서 키가 아주 작은 경우도 장애라고 하지요.**»

말을 더듬거나 글씨를 굉장히 못 쓰는 아이도 장애가 있는 건가요?

말을 더듬거나 글씨를 굉장히 못 쓰면 생활하면서 불편할 때가 많아요. 하지만 장애는 아니에요.

말을 더듬는 아이는 발음 교정 치료를 받으면 표현할 때 겪는 어려움을 극복하는 데 도움이 돼요. 글씨를 굉장히 못 쓰는 아이는 작업 치료를 받으면 나아질 수 있어요. 작업 치료는 운동 능력, 그러니까 몸을 움직이고, 이동하고, 넓은 공간에서 방향을 잡고, 글씨를 쓰는 능력을 다시 가르쳐 주는 일이에요.

말을 더듬거나 글씨를 굉장히 못 쓰는 아이도 치료를 받으면 누구의 도움 없이도 스스로 살아갈 수 있어요.

나이가 드는 것도 장애와 같은 건가요?

나이가 들면 걷기가 힘들어질 수도 있고, 기억력이 없어지거나 잘 들리지 않게 될 수도 있어요. 그러면 일상생활도 어려워져요. 스스로 생활할 수 없고 도움을 많이 받아야만 한다면, 그런 경우에는 장애라고 할 수도 있어요.

장애는 나을 수 있나요?

장애는 병이 아니에요. 병은 대부분 나을 수 있고, 심한 경우에는 죽음에 이르지요. 장애는 병과 달리 그 자체로 죽지는 않지만 **완전히 나을 수 없어요.** 다만 장애가 있으면 생활이 불편하지요. 그래서 **장애인이 생활하기에 더 편리하고 더 나은 환경을 만들 수 있도록 다 함께 노력해야 해요.**

학교 수업을 잘 따라가지 못하는 아이에게는 맞춤 수업을 받을 수 있게 해요. 잘 보지 못하는 사람이 안전하게 길을 건널 수 있도록 신호등에서 소리를 내어 신호를 알려 주고요. 잘 듣지 못하는 사람들을 도와주는 기계 장치를 만들어 귀에 넣어 사용할 수 있게 해요.

법률에는 장애인에게도 동등한 권리와 기회를 주어야 한다고 보장하고 있어요.

모자 속의 손

장애는 영어로 '핸디캡(handicap)'이라고 해요. '핸드 인 캡(hand in cap)'이 줄어든 말인데 '모자 속의 손'이라는 뜻이지요. 옛날에 모자 속에 손을 넣어 제비를 뽑는 놀이가 있었대요. 불리한 사람이 없도록 심판이 제비가 모두 똑같은지 확인한 데서 나왔다고 해요.

그래서 장애인이 안전하고 편리하게 여러 가지 시설과 설비를 이용할 수 있도록 편의 시설을 구비해야 한다고 법률로 정했어요. 공연장이나 학교, 우체국 같은 새로 짓는 공공건물에는 휠체어 통로, 장애인 전용 화장실 등을 의무적으로 만들어야 해요. 하지만 툴행이도 아직까지 장애인을 위한 편의 시설은 턱없이 부족하지요.

어떤 부모님들은 장애인과 그 가족을 돕기 위해 모여서 단체를 만들어요. 장애인들이 집과 거리, 학교에서 조금 더 쉽게 살아가고, 직장에서 휴가를 받을 수 있도록 돕지요.

장애인은 편안하게 일상생활을 할수록 자기에게 장애가 있다는 느낌을 덜 받아요.

장애는 왜 생기나요?

장애는 태어났을 때부터 있을 수 있어요. 엄마 배 속에서 아기가 만들어질 때부터 병이나 기형이 생겨서 장애가 나타날 수 있지요. 엄마가 임신하고 있을 때에 사고를 당하거나 병에 걸려서, 또는 아기를 낳다가 문제가 생겨서 그럴 수도 있어요.

아기가 너무 일찍 태어나도 장애가 생길 수 있어요. 아기는 엄마 배 속에서 10개월 동안 있어야 해요. 그런데 5개월도 되기 전에 태어나면, 장기가 제대로 발달하지 못해서 장애가 생기기 쉬워요. 하지만 엄마 배 속에서 7~8개월 이상 있다가 태어난 아기들은 대부분 건강하게 잘 자라나요.

병이 장애를 일으킬 수도 있어요. 뇌수막염은 아주 위험한 병이에요. 뇌 일부를 상하게 하거나 돌이킬 수 없을 만큼 청각을 망가뜨릴 수 있지요. 심장이나 신장이 많이 아픈 아이도 몸이 잘 자라지 않거나 자꾸 입원을 해야 해서 또래 친구들처럼 살 수 없기도 해요.

사고 때문에 장애가 생길 수도 있어요. 교통사고를 당했거나 운동 경기, 일을 하다가 다쳐서 팔, 다리를 쓸 수 없게 된 사람이 있지요.

살아가다가 병이나 사고로 장애인이 되면 장애를 받아들이고 극복하기가 굉장히 어려워요. 여러분이 아는 누군가에게 그런 일이 일어난다면, 그 사람은 여러분의 도움과 우정이 무척 많이 필요하답니다. 그래야 온 힘을 다해 노력하고 기운을 되찾아서 삶의 아름답고 소중한 것들을 누릴 수 있으니까요.

아기가 엄마 배 속에서 장애인이 될 수도 있나요?

임신 기간에 엄마가 사고를 당하거나 아기가 병에 걸리면 장애가 생길 수 있지요. 의사 선생님이 피 검사나 초음파 검진을 해서 아기에게 장애가 있는지 미리 알아낼 수 있어요. 하지만 항상 정확히 알아내지는 못해요.

병이나 기형을 치료해서 장애를 막을 수 있기도 해요. 심장 기형이 있는 아기는 태어나자마자 심장 수술을 받기도 하지요. 하지만 치료가 잘되지 못하면 장애의 원인이 되기도 해요.

아기의 기형이 심각할 경우에는, 부모님이 의사의 의견을 참고해서 아기를 낳을지, 인공 유산을 할지 결정할 수 있어요. 그건 굉장히 어려운 결정일 뿐만 아니라 아주 엄격한 법률을 따라야 해요.

우리는 모두 조금씩 서로 다르게 태어나요. 키가 큰 사람, 키가 작은 사람, 손재주가 좋은 사람, 수학을 잘하는 사람, 현명한 사람······. 이렇게 다양한 사람들이 있어서 우리 사회는 풍요로워질 수 있어요. 모두 똑같은 사람들만 살고 있다면 이 세상은 어떨까요? 아마 굉장히 지루하겠지요.

윤리적인 문제

윤리는 사람의 도리, 우리가 지켜야 할 행동 규칙과 관계가 있어요. 프랑스에는 의사, 철학자, 과학자로 이루어진 국가윤리위원회가 있어요. 국가윤리위원회는 의학의 발전과 적용, 장애와 관련된 중요한 문제를 두고 여러 의견을 내지요. 이런 의견들은 법률을 만들 때 도움이 된다고 해요. 우리나라에는 보건복지부가 지정한 생명윤리정책연구센터가 있지요. 이곳에서는 의학 발전으로 일어날 수 있는 윤리적 문제에 대처하며 많은 사람이 건강과 복지를 누릴 수 있도록 끊임없이 연구한답니다.

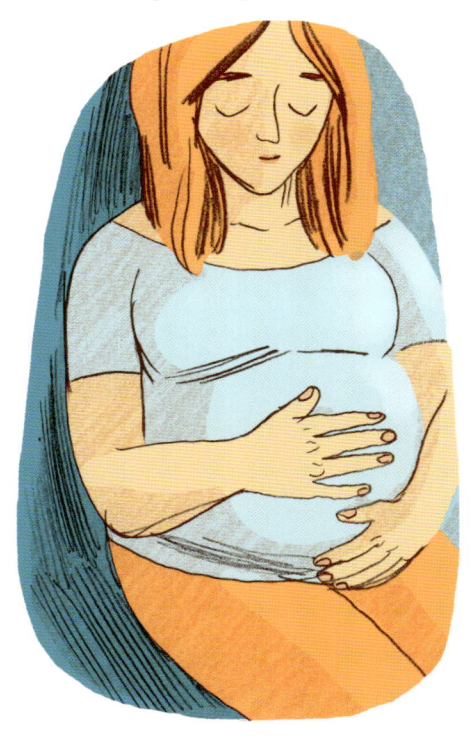

부모님이 시각 장애인이면 아이도 태어날 때부터 시각 장애인이 되나요?

그럴 수도 있고, 아닐 수도 있어요. **어떻게 될지는 전부 세포 속에 들어 있는 유전자에 달려 있어요.** 유전자는 부모님의 특징을 자녀에게 물려주는 정보를 담고 있어요. 그래서 아이들은 부모님의 키나 머리카락 색깔, 얼굴 생김새 등을 닮지요. 하지만 모두 유전되지는 않아요. 유전되는 것도 있고, 우전되지 않는 것도 있지요. 엄마랑 아빠는 눈이 밤색인데 아기는 파란색일 수 있는 이유가 바로 이 때문이랍니다.

아기는 **엄마에게서 유전자 절반을, 아빠에게서 나머지 절반을 받아서 태어나요.** 그런데 어떤 병은 엄마나 아빠 한쪽에서만 유전자를 받아도 나타나고, 어떤 병은 양쪽에서 같은 유전자를 모두 받아야만 나타나요.

하지만 때로는 부모님이 모두 아프지 않아도 아기에게서 처음으로 병이 나타나기도 해요. 반대로 부모님은 모두 장애가 있지만 아이들은 그렇지 않은 경우도 있지요.

그러니까 부모님 중 한 분, 또는 두 분 다 시각 장애인이라고 해도, 그 자녀가 반드시 시각 장애인이 되지는 않아요. 부모님이 청각 장애인일 때도 마찬가지예요. 아이는 소리를 아주 잘 들을 수도 있어요.

이렇게 사람들은 모두 서로 다르게 태어나고, 각자 나름대로 살아가는 법을 배워요. 그래서 삶은 아름다운 학교가 되지요.

장애가 있는 아이를 키우는 건 어려운 일이에요

어느 부모님이나 아이에게 장애가 있다는 사실을 **견디기 어려워해요.** 자기 잘못이 아닌데도 죄책감을 느끼는 부모님도 있어요. 아이가 다른 아이들만큼 좋은 기회를 누리지 못하고 더 힘든 삶을 살아가는 모습을 보면 **마음이 아프지요.** 아이의 장래를 **걱정하기도 해요.** 우리 아이가 직업을 가질 수 있을까? 결혼할 수 있을까? 행복하게 살 수 있을까?

아이의 장애가 희귀한 병에서 비롯될 때도 있어요. 그러면 부모님은 아이가 왜 아픈지 알 때까지 몇 달, 몇 년씩 기다려야 할지도 몰라요. 그건 정말 고통스러운 일이에요.

어떤 엄마 아빠는 아이가 장애인이라는 사실을 받아들일 때까지 **시간이 굉장히 오래 걸려요.** 아이를 마음속 깊이 사랑한다고 해도 그럴 수 있지요. 부모님은 귀엽고 영리한 아이가 태어나리라고 상상했을 테니까요. 꿈꾸던 아이와 다른 아이를 받아들이기는 부모님이라도 몹시 힘들겠지요.

부모님은 장애가 있는 아이를 어떻게 돌볼지, 어떤 학교에 보낼지, 어떤 모임이나 시설에 보내야 아이가 가장 잘 적응할지 **고민해야 해요.** 그런 과정을 거치면서 엄마 아빠는 아이를 위해 싸우는 진짜 전사가 되지요.

자, 어서 서두르자!

어떤 부모님은 아이를 지나치게 보호하려고 해요. 처음부터 다른 아이들보다 기회가 적은 아이를 더 많이 사랑해 주고, 지켜 주고 싶기 때문이에요.

다른 식구들의 생활도 뒤죽박죽이 돼요. 특히 다른 자녀들의 삶이 힘들어질 수 있어요. 사람들이 장애가 있는 형제자매를 쳐다보면 괴롭겠지요. 친절하고 참을성 많은 사람이 되어야만 한다는 생각이 들기도 해요. 왜 하필 우리 형이나 언니, 동생에게 장애가 있는지 궁금해지기도 하고요.

아무 잘못도 하지 않았는데 죄책감을 느낄 수도 있어요. 부모님이 장애가 있는 형제자매를 더 많이 챙겨 주면 질투가 나거나 외로워질 수도 있어요.

집안일도 엉망이 되곤 해요. 집을 수리하거나 해야 할 일의 순서를 바꿔야 할 수도 있지요. 휴가 갈 장소도 마음대로 정하기 어려워요.

일상생활을 더 쉽고 즐겁게 만들려면 저마다 상황에 적응하고 좋은 아이디어를 내도록 노력해야 해요.

장애인을 위한 여러 단체들

우리나라에는 장애인에게 여러 가지 정보를 알려 주고 사회 속에서 함께 살아갈 수 있도록 지원하는 단체가 많이 있어요. 보건복지부, 장애인고용촉진공단, 장애우권익문제연구소, 한국 장애인개발원, 한국 사회복지협회 등이 있지요.

장애인이 되면 불편해져요

장애인은 다른 사람에 비해 불편한 점이 많아요. 장애인은 이동하거나 무언가를 배우기가 어려워요. 혼자 마음대로 하기는 더 힘들지요.

우리는 모두 다르게 태어나요. 하지만 어떤 사람들은 남들보다 더 많이 달라서 살아가는 동안 불편한 일을 많이 겪지요.

타고나거나 아주 일찍 자신이 다른 사람과 다른 것을 안 사람은 좀 어렵더라도 그 사실을 받아들이지요. 하지만 살아가다가 사고나 병으로 장애가 생긴 사람들은 장애를 안고 하루하루 다시 살아가는 법을 배워야 해서 더 힘들 수 있어요.

하지만 장애가 있어도 행복할 수 있어요. 다정다감하고, 예술 감각이 있고, 삶에 흥미를 느끼고, 사랑스럽고, 다른 사람들이 좋아하는 사람이 될 수 있지요.

어떤 장애인들은 놀라운 능력을 얻기도 해요. 앞을 볼 수 없는 사람들은 청각과 촉각을 비롯한 다른 모든 감각이 발달하지요. 그래서 시각 장애인이 뛰어난 음악가가 될 수 있답니다.

장애인을 보면 여러 가지 마음이 생겨요

슬픈 마음이 들 수 있어요.
우리는 장애가 우리와 친하고 우리가 좋아하는 사람에게 일어날 수 있다는 걸 알아요. 나 자신에게도 일어날 수 있는 일이고요. 그래서 슬픈 마음이 들 수 있어요.

동정심을 느낄 수도 있어요.
장애인은 불행하고 고통스럽겠다고 생각해요. 그래서 장애인에게 동정심을 느낄 수 있어요. 하지만 대부분 장애를 잘 알지 못해서 동정심을 느낄 때가 많아요.

두려운 마음이 들 수도 있어요.
두려운 마음도 장애를 잘 몰라서 생겨요. 장애가 있는 친척, 예를 들면 다운 증후군인 삼촌이나 휠체어를 타고 다니는 사촌 누나와 함께 생활하는 방법을 배우지 못했다면, 어떻게 행동해야 좋을지 잘 모를 수 있어요. 장애인들이 우리 주변에서 더 많이 활동하고, 사회생활도 활발히 하면 장애라는 차이가 별로 두렵지 않겠지요.

때로는 부끄러움을 느낄 수도 있어요.
장애인을 보면 왠지 도와주어야 할 것 같은데, 막상 어떻게 할지 몰라 마음이 불편할 수 있어요. 우리는 누구나 남을 잘 돕는 너그러운 사람으로 보이고 싶어 하니까요. 그래서 불편해하는 내 모습이 스스로 부끄럽게 느껴질 수도 있지요.

장애인을 보고 내가 느끼는 여러 가지 마음을 부모님이나 선생님, 상담 선생님에게 솔직히 **털어놓으세요.** 망설이지 말고 물어보세요. 그래야 장애를 더 잘 이해하고 두려움을 쫓아 버릴 수 있거든요.

장애인을 자꾸만 쳐다보게 돼요

장애인은 사람들의 **눈길을 끌고 호기심을 불러일으켜요.** 장애인이 가까이 있으면 자꾸만 장애인을 몰래 보고 싶어지지요. 그럴 수도 있어요. 장애가 궁금하고 이것저것 알고 싶으니까요. 저 사람은 왜 장애인이 되었을까? 많이 아플까? 왜 저런 이상한 행동을 할까?

하지만 **기분이 나빠지거나 고개를 돌리고 싶어지기도 해요.** 예를 들어 장애인들의 불편한 몸이나 이상한 표정을 보고 무서워질 때가 그렇지요. 하지만 어떤 사람이든 외모가 속마음을 있는 그대로 보여 주지는 않아요.

장애인을 보고 느낀 내 기분에 **죄책감을 느낄 필요는 없어요.** 그 대신 어른과 함께 **내가 느낀 기분을 이야기하면서 장애인을** 이해해 봐요. 열린 마음으로 장애인에게 관심을 가져 보세요. 장애인도 다른 사람들처럼 존중받고 싶어 해요. 그래서 사람들이 너무 빤히 쳐다보거나 아예 못 본 척한다고 툭하면 불평을 하지요. 장애인을 더 잘 알게 된 사람들은 대개 깜짝 놀라요. 장애인들이 어떤 일을 할 수 있는지 비로소 알게 되거든요.

장애인을 놀리는 건 인종 차별인가요?

» 다른 사람을 놀리는 이유는 대개 낯선 모습이 두렵거나 마음이 불안하거나 어떤 사람인지 잘 모르기 때문이에요. 그건 **인종 차별이 아니에요. 그냥 어리석은 짓이지요.** 인종 차별은 어떤 민족이 다른 민족보다 더 뛰어나다고 생각하면서 하는 말이나 행동을 뜻해요.

장애는 우리가 지닌 작은 차이를 깨닫게 해 줘요. 나이에 비해서 큰 키나 나쁜 시력처럼 장애 또한 사람마다 지니는 차이점일 뿐이에요. **놀리거나 비웃지 말고, 그 사람을 있는 그대로 받아들이는 법을 배워 보세요.** »

욕설은 그만!

정신병자, 난쟁이, 몽고증 같은 말은 장애인을 얕잡아 보고 모욕하는 나쁜 말이에요. 다른 사람을 존중하는 사람이 될 수 있도록 늘 주의를 기울이세요.

장애인은 장애를 어떻게 느낄까요?

아주 많은 기분을 느끼지요! 장애인마다 다르겠지만, 대부분은 장애라는 차이 때문에 불행한 기분이 들 때가 많아요. 삶이 불공평하다고 생각하면서 고민하기도 해요. 장애는 왜 생길까? 왜 하필 내가 장애인일까? 그리고 다른 사람들처럼 되고 싶다고 생각해요. 길에서 자신을 뚫어지게 바라보는 사람을 만나거나 놀림을 당하면 참을 수 없을 만큼 화가 나기도 해요.

지체 장애인들은 불편할 때가 아주 많아요. 대중교통을 이용하거나 장을 보거나 극장에 가는 일 등이 모두 전쟁을 치르듯 힘들지요. 혼자 힘으로 움직일 수 없어서 다른 사람에게 도움을 받아야 해요. 언제나 다른 사람에게 의지하기란 쉬운 일이 아니에요. 지체 장애인들은 걷고, 근육을 키우고, 혼자 먹는 방법을 배워서 독립적인 사람이 되려고 날마다 굉장히 많이 노력해요. 하루하루 스스로를 극복하고, 외출할 때마다 두려움을 이겨 내야만 하지요. 다른 사람들과 친구가 되려면 의사소통하는 법도 배워야 하고요.

장애를 이겨 내려는 사람들은 아주 적극적이고 용감하답니다. 삶의 순간마다 작은 승리를 거두고 있지요.

정신 장애인들은 감정을 표현할 수 없어서 힘들어해요. 이해받지 못한다고 느껴서 불안해하기도 해요.

장애인들에게 줄 수 있는 가장 훌륭한 도움은 차이를 인정하고 받아들이는 거예요. **장애인들은 그 무엇보다 다른 사람과 똑같은 사람으로 존중받기를 바란답니다.**

모두 함께 살아가요!

우리나라에는 장애인을 위한 장애인복지법이 있어요. 그래도 앞으로 해야 할 일이 많아요. 하지만 사회가 장애인들에게 관심을 갖게 하려면 반드시 법률이 필요할까요? 가장 먼저 마음을 움직이는 일이 필요하지 않을까요? 모든 사람이 장애인을 있는 그대로 받아들이면 되지 않을까요?

정신 장애인도 자기가 장애인이라는 걸 알아요. 어릴 때부터 다른 친구들보다 퍼즐을 잘 맞추지 못하거나 놀이에 참여하기가 어렵다는 걸 깨닫지요. **그래서 외톨이라는 느낌이 들고, 자주 슬퍼져요.** 다 같이 놀 때 정신 장애인 친구에게 더 잘 맞는 놀이를 찾아보면 어떨까요? 친구가 따라오는 속도를 존중해 주는, 좀 더 단순한 놀이를 해 보아요. 함께 즐겁게 놀 수 있답니다.

정신 장애인은 글쓰기나 읽기, 셈하기를 배우는 능력이 부족할 수 있어요. 하지만 그렇다고 해서 예민하지 않거나 둔하지는 않아요.

장애가 있든 없든, **사람은 다른 사람이 자기를 놀리거나 거부하는 것을 분명히 느낄 수 있어요.** 그런 일을 겪으면 자신도 주변 사람들도 매우 슬프고 견디기 어려워요.

장애인은 왜 있을까요?

이런 질문은 사람들을 거북하게 만들 수 있어요. 대답하기 쉬운 질문이 아니거든요. 하지만 얼마든지 할 수 있는 질문이니까 눈치 볼 필요 없어요.

장애는 우리가 모두 다르게 태어나기 때문에 존재해요. **우리는 사고나 병을 완전히 피할 수 없어요.** 엄마 배 속에 있을 때나 태어나서 살아가는 동안에도 마찬가지예요.

하지만 장애인의 삶에 장애만 있지는 않아요! 장애인도 여러 가지 개성을 가지고 있어요. 상냥한 마음이나 풍부한 상상력, 유머 감각이 그 사람의 특징일지도 몰라요. 자기만의 취향이 있을 수도 있고, 재미있는 삶을 살아왔을지도 모르지요. 어떤 장애인들은 머리가 무척 좋아서 세계적으로 유명한 학자가 되기도 해요. 운동 실력이 뛰어난 사람들은 큰 대회에 참가해서 상을 받기도 하고요.

장애가 있어도 뭐든지 배울 수 있어요. 계획을 실천할 수도 있고요. 친구를 사귀거나 행복해지거나 사랑에 빠질 수도 있어요.

많은 장애인이 여러분과 똑같이 삶을 사랑하며 행복하게 살아가고 있어요. 살아 있다는 건 정말 큰 행운이에요!

"어둠 속에 있는 것을 가치 있게"

아프리카 콩고에서는 비참하게 살던 지체장애인들이 악단을 만들었어요. 처음에는 통조림 상자로 만든 악기를 연주했지요. 어느 날, 전문 음악가가 이 악단을 알아보았어요. 그 뒤로 악단은 유럽에서 큰 성공을 거두었지요. 악단의 이름은 '스태프 벤다 빌릴리'인데 "어둠 속에 있는 것을 가치 있게"라는 뜻이에요. 마음을 울리는 이름이지요.

 장애가 **없어지면** 좋겠어요

"사람들은 장애가 사라지기를 원하지요. **장애가 두렵고 신경이 쓰이거나 장애인을 보면 불공평하다는 생각이 들기 때문이에요.**

의학이 발전하면서 여러 가지 장애의 원인이 밝혀졌어요. 원인을 잘 알수록 장애를 더 일찍 발견할 수 있고 더 좋은 방법으로 다룰 수 있지요. 그래서 예전보다 장애가 많이 줄어들었어요. 의료 기기를 만드는 기술도 한층 발달해 많은 장애인이 성능이 뛰어난 장비들을 사용해 혼자서도 활동할 수 있게 되었어요. 또한, 교통안전공단에서는 교통사고를 줄이려고 노력해요. 교통사고로 장애인이 되는 사람도 많거든요.

하지만 의학과 기술이 발전하고 다양한 노력을 한다 해도, 현실적으로 장애를 완전히 없앨 수는 없어요. 사람은 부품을 바꾸어 끼울 수 있는 기계도 아니고, 프로그램에 따라 조종할 수 있는 컴퓨터도 아니거든요. **우리는 앞으로도 계속 서로 차이를 지닌 채 태어나고 살아가겠지요.** 모두 함께 살아가려면 서로 다른 차이를 받아들이고 적응하는 편이 우리에게 이로워요.

우리 사회는 머리가 좋고 훌륭한 성과를 내는 성공한 사람을 점점 중요하게 생각해요. 그러다 보니 이제는 장애인들이 사회 어느 곳에 자리를 잡아야 좋을지 잘 알 수 없지요. 때로는 사회가 장애인들을 잊어버린 것 같기도 해요.

그렇지만 장애인들의 존재는 우리에게 약한 사람들에게 주의를 기울이고, 더 넓은 마음을 가지라고 말해요. 우리 스스로 곰곰이 생각해 보게 만들고요. 우리는 다른 사람에게 관심을 갖고 그 사람들을 존중하고 서로 나누며 살아가는 아름다운 세상을 만들 수 있을까요? 그런 아름다운 세상에서 살아가는 기쁨을 마음껏 누릴 수 있을까요?

삶의 기쁨을 맛보는 사람들이 오히려 **장애인일 때도 많아요.** 기쁨과 행복을 마음껏 누리고 남에게 웃음을 주는 장애인들을 보면, **인생이 왜 아름다운지 다시금 깨닫지요.**"

장애가 있는 동물들

동물도 사고나 병 때문에 장애가 생길 수 있어요. 뒷다리에 작은 휠체어를 달고 움직이는 개를 벌써 보았는지도 모르겠네요. 어떤 수의사는 몸이 마비된 거북이 쉽게 움직일 수 있도록 등에 바퀴를 달아 주었답니다.

어떤 장애인들은 왜 몸이 움직이지 않을까요?

뇌는 몸이 움직이도록 명령을 내리는 곳이에요. 병에 걸리거나 사고가 나서 뇌를 다치면 **몸이 뇌의 명령을 받을 수 없어서 일부분이 마비될 수 있어요.**

척추 안에 들어 있는 척수를 다쳐도 몸이 마비될 수 있어요. 뇌의 명령이 척수를 통해서 팔다리에 전달되거든요.

마비된 몸을 풀어 주는 운동과 목욕, 마사지가 도움이 될 수 있어요. 그래서 장애인 복지관 가운데 몸이 마비된 장애인들이 좀 더 편안해질 수 있도록 물리치료실이나 수영장을 갖춘 곳도 있답니다.

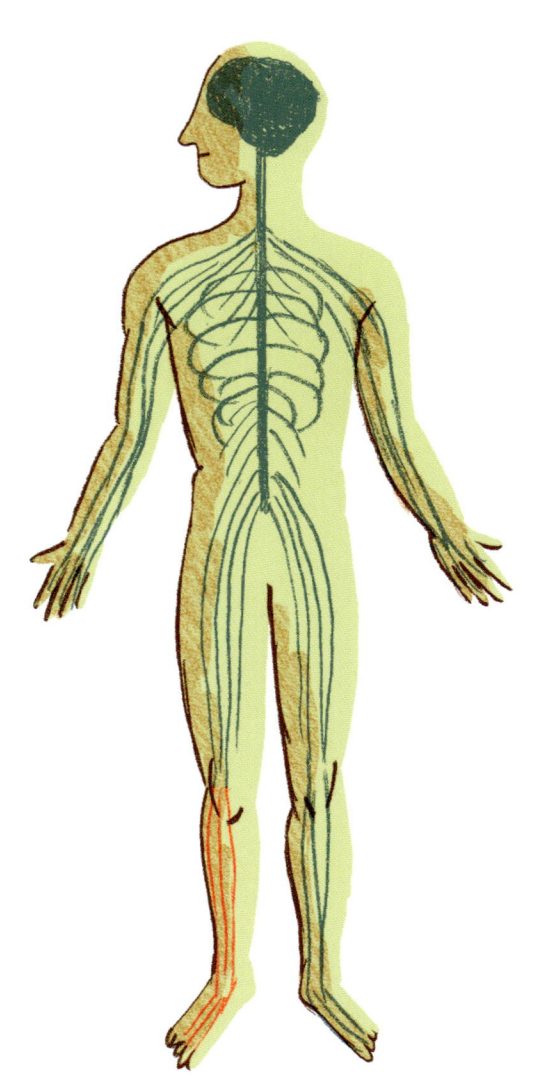

한층 좋아진 장비

전동 휠체어는 손가락 끝으로 손잡이를 조작하기만 하면 움직일 수 있어요. 사람을 꼭 붙들어서 일으켜 세울 수 있는 종류도 있지요. 어떤 휠체어는 굉장히 가볍고 바닥이 울퉁불퉁한 곳도 잘 다닐 수 있어요. 장비들이 눈부시게 발전해서 다행이지만, 아직까지 가격이 굉장히 비싸서 장애인들에게 부담이 되기도 해요.

장애가 있으면 아픈가요?

팔이나 다리, 관절에 통증을 느끼는 장애인들도 있어요. 장애인들은 평소에 팔다리를 많이 쓰지 않거든요. 물리치료를 받으면 통증이 좀 가시기도 해요. 물리치료사는 환자들이 운동을 할 수 있게 도와주고 아픈 곳을 마사지해 주지요. 최대한 편안히 지낼 수 있게 몸의 모양에 맞추어 만든 의자나 침대도 있어요.

장애가 있다는 사실 때문에 정신적으로 고통받는 장애인도 많아요. 심리치료사들은 장애가 있더라도 행복하게 살 수 있도록 돕지요. 어떤 점이 힘들고 괴로운지 표현하도록 도와주고 긍정적인 마음을 가질 수 있게 격려해요.

어떤 장애인들은 왜 침을 흘리나요?

침을 제대로 삼키는 방법을 알지 못해서 침을 흘려요.
이런 경우에는 침을 삼키는 방법을 배우면 고칠 수 있지요. 언어치료사나 특수학교 선생님들은 그런 사람들에게 먹고 마시는 법을 가르쳐 줘요. 하지만 시간이 많이 걸릴 수 있지요. 그래서 먹기 쉽도록 음식을 갈아서 준비하기도 해요.

장애가 몹시 심한 사람들에게 일어날 수 있는 일이에요.

이동하기 어려운 장애인들은 어떻게 다니나요?

다리를 곧게 펼 수 있도록 부목 같은 **보조 기구를 사용해요.** 그러면 팔다리를 움직일 수 있어서 휠체어를 타지 않고도 혼자 다닐 수 있지요. 가볍고 튼튼한 보조 기구를 착용하면 달리기나 탁구, 자전거 타기나 스키 같은 운동을 할 수 있어요. 장애인 올림픽처럼 장애인들만 참가할 수 있는 운동 경기에 나갈 수도 있지요.

장비를 이용해서 이동하기도 해요. 많은 장애인이 휠체어 등을 타고 혼자 움직이지요.

사고를 당한 사람들의 경우에는 재활 치료를 통해서 다리를 조금씩 다시 움직일 수 있기도 해요. 하지만 그때까지 시간이 아주 많이 걸릴 수 있어요.

편리한 기능성 도구
장애인들이 스스로 활동할 수 있게 도와주는 도구들이 있어요. 특별하게 만든 식기를 쓰면 혼자서도 쉽게 음식을 먹을 수 있지요. 샤워기 옆에 손잡이를 달아서 몸을 지탱하기 좋게 만들기도 해요. 몸에 맞는 의자 연구도 계속되고 있답니다.

몸이 마비된 사람들은 왜 수영장에 가나요?

《 물속에 들어가면 우주인처럼 **무중력 상태에 있는 느낌**을 받을 수 있어요. 그러면 마비된 **몸이 가벼워지고 편안해져요.** 하지만 헤엄을 칠 수 있다고 해도 장애가 사라지지는 않아요.

수영장에서 재활 치료를 하는 경우도 아주 많아요. 물을 뿜는 욕조 또는 특수한 의자를 갖추었거나 진흙 같은 재료를 쓸 수 있는 수영장도 있지요.

수영은 장애인 올림픽 경기 종목에도 들어가 있어요. 선수들은 물속에서 자유롭게 움직일 뿐만 아니라 수영 실력이 아주 대단하지요. 그런 모습을 통해 장애를 바라보는 시선을 바꿀 수 있어요. 》

돌고래랑 재활 치료를 하는 장애인을 텔레비전에서 봤어요!

돌고래 치료법은 장애인 또는 환자가 수영장 안에서 **돌고래와 함께 놀거나 헤엄치며 치료하는 방법이에요.** 돌고래가 몸에 좋은 자극을 주거든요. 돌고래 치료법은 사람들이 몸을 자유롭게 움직이고 자신감을 키우게 해 줘요.

돌고래 치료법이 장애나 병을 직접적으로 낫게 해 주지는 않아요. 하지만 전문가들은 동작을 좀 더 자연스럽고 편하게 만드는 효과가 있다고 말해요.

동물은 장애인들에게 아주 좋은 친구가 될 수 있어요. 시각 장애인 안내견처럼 생활 속에서 날마다 도움을 주는 동물들도 있지요.

조랑말을 타거나 개를 키우면서 장애인들은 더 행복한 삶을 누릴 수 있어요. 동물들은 치료를 잘 견디게 하는 힘이 되어 주지요.

바보처럼 보이는 장애인도 있어요!

» 정신 장애인들은 주어진 상황이나 주변 사람들에게 빨리 반응할 수 없어요. **자기만의 세계 속에 있는 것과 비슷하거든요.**
정신 장애인들은 사회 속에서 살려면 반드시 지켜야 하는 규칙을 신경 쓰지 않는 경우가 많아요. 그래서 몸을 씻거나 옷을 입거나 깨끗하게 먹는 것처럼 날마다 해야 하는 행동을 잘 배우지 못해요. 주변 사람들이 인내심을 가지고 꾸준히 가르쳐 주어야 하지요.

정신 장애인의 행동을 존중하면서 하나하나 가르쳐 주어야 해요. 이런 과정에서 우리는 솔직함과 경쾌함, 인내심을 배울 수 있어요. »

몸은 어른인데 머릿속은 아이 같아요!

여러 가지 장애를 동시에 지닌 사람들은 **독립적인 어른이 되기 위해 필요한 일을 배우기 어려운 경우가 많아요.** 먹고, 마시고, 씻고, 옷을 입고, 책을 읽고, 글씨를 쓰는 일 등을 어려워해요. 위험이 무엇인지 모르는 사람도 많아요. 그래서 어린아이처럼 누군가가 늘 따라다니며 보살펴야 해요.

지능이 어린아이 정도까지만 발달하는 장애인들도 있어요. 다운증후군의 경우가 그렇지요. 다운증후군은 비정상적인 유전자 때문에 생겨요. 기형이 나타나거나 **뇌의 발달이 조금 뒤떨어질 수 있지요.** 하지만 말하기와 읽기, 셈하기를 배우기는 어렵더라도 학교에 갈 수 있어요. 다운증후군인 사람도 풍부한 유머 감각을 지니고 삶의 커다란 기쁨을 누릴 수 있어요.

장애인을 돕는 직업

활동도우미는 장애인들이 씻고, 옷을 입고, 식사하는 일을 거들어요. 정신과의사는 즐거운 삶을 누릴 수 있는 활동을 제안하지요. 특수교사는 운동, 만들기, 놀이 등을 통해서 장애인들이 자기 자신을 표현하고 자립할 수 있게 도와줘요. 언어치료사는 의사소통 능력을, 작업치료사는 몸을 움직이고 이동하고 방향을 잡을 수 있는 능력을 기를 수 있도록 돕지요. 이런 치료사들은 대부분 병원이나 장애인 복지관에서 일해요.

어떤 장애인은 왜 마구 화를 낼까요?

《 장애인은 자기가 하는 일을 못하게 할 때 화를 낼 수 있어요. 왜 못하게 하는지 **이해할 수 없기 때문이에요**. 자기를 위한 일이어도 그럴 수 있어요.

불안한 마음을 표현하는 방법일 수도 있어요. 처음 겪는 상황이나 미처 준비하지 못한 예상 밖의 상황을 마주했을 때가 그렇지요.

사람들은 장애인들을 이해하지 못하고 저항감을 느끼기도 해요. 하지만 장애인은 화를 내면서 차이를 표현하고 자기 뜻을 드러낼 뿐이에요.

벌컥 화를 내고 스스로를 조절하지 못할 때도 있어요. 가족들이 굉장히 다루기 어려운 일이지요. 가족들은 장애인을 더욱 잘 이해해서 자신을 통제할 수 있도록 돕고 싶어 해요.

특수교사들은 장애인에게 금지를 받아들이는 법과 감정을 조절하는 법을 끈기 있게 가르쳐요. 그리고 정원 가꾸기, 그림 그리기나 컴퓨터와 관련된 일 등 재능을 꽃피우기에 알맞은 일을 제안하지요. 이런 과정을 통해서 뛰어난 재능을 발견하는 장애인도 있답니다. 》

'자폐증'은 무엇인가요?

자폐증은 정신 장애의 한 종류예요. 대개 **심한 언어 장애**가 함께 있어요. 자폐증 환자는 **자신의 감정을 전달하고 다른 사람의 감정을 이해하기 어려워해요.** 자기만의 세계에 갇혀 있거든요. 자폐증 환자는 변화를 좋아하지 않아요. 말을 전혀 하지 않는 자폐증 환자도 있어요. 손으로 탁자를 두드린다거나 몸을 앞뒤로 흔드는 것처럼 어떤 행동을 지나치게 반복하는 강박증도 있어요. 하지만 이런 증상은 사람에 따라서 심하게 나타나기도 하고, 그렇지 않기도 하지요.

자폐증은 뇌의 발달이나 기능에 문제가 생겼을 때 일어나요. 하지만 아직 원인이 정확히 밝혀지지 않았어요. 그래서 많은 의사가 자폐증 환자와 가족을 돕기 위해 열심히 연구하고 있지요.

특수한 자폐증을 앓는 사람들도 있어요. 그런 사람들은 수학이나 체스, 음악 등의 분야에서 아주 뛰어난 능력을 보여요.

시각 장애인은 정말 아무것도 볼 수 없나요?

경우에 따라 달라요!

어두운 곳과 밝은 곳을 구별하고, 번쩍이는 빛을 느낄 수 있는 시각 장애인도 있어요. 하지만 아무것도 보지 못하는 시각 장애인도 있지요.

아무것도 보지 못하는 사람들은 빛을 느낌으로 알아요. 얼굴이 따뜻해지면 햇빛이 비추고 있다고 느끼지요.

태어날 때부터 시각 장애인이 아닌 사람들, 살아가다가 주로 병이나 사고 때문에 시각 장애인이 된 사람들은 기억 속에 남아 있는 세상을 늘 머릿속에서 본답니다.

편리한 생활을 만드는 아이디어

시각 장애인들에게는 생활을 편하게 만드는 비결이 몇 가지 있어요. 물건을 쉽게 찾을 수 있도록 늘 같은 자리에 놓아두고, 양말을 빨기 전에 안전핀으로 한 켤레씩 연결해 두는 식이지요. 지폐는 같은 액수끼리 모아서 각각 다른 방법으로 접어 둔대요.

시각 장애인은 왜 검은 색안경을 끼나요?

시각 장애인이 색이 들어간 안경을 끼는 이유는 **시선을 한곳에 두지 못하기 때문이에요.** 그런 모습을 보면 다른 사람들이 불안해하거든요. **보통 사람들과 다른 눈 모양을 감추려고** 색안경을 쓰기도 해요.

따가운 햇볕이나 센 바람을 피하고 **눈을 보호하려고** 색안경을 쓰는 사람도 있어요. 눈을 수술한 경우에는 눈이 아주 예민해지거든요.

특별한 박물관 나들이

시각 장애인도 즐길 수 있게 특별한 전시회를 여는 박물관도 있어요. 울퉁불퉁 튀어나오도록 그린 그림과 조각 작품을 만져 볼 수 있는 전시회이지요.

시각 장애인은 집을 어떻게 찾아가나요?

시각 장애인은 시각이 아닌 **다른 감각을 사용해요**. 시각 대신 청각이나 후각 같은 감각이 **아주 뛰어나거든요**. 시각 장애인들은 자신이 어디 있는지 알려 주는 냄새나 소리, 장애물을 **굉장히 잘 기억한답니다**.

시각 장애인은 지팡이로 방향을 잡아요. 지팡이를 이용해 쉽게 앞으로 나아갈 수 있고, 땅을 두드려서 장애물이 있는지 알아낼 수도 있지요. 늘 다니던 길을 갈 때는 자기만의 이정표를 따라가요.

"벽을 따라서 쭉 가다가, 모퉁이가 나오면 오른쪽으로 돌고, 계단을 다섯 칸 올라가서……."
이렇게 움직이려면 **완전히 집중해야 한답니다**.

그런데 잘못 주차된 자동차들, 공사장, 길 한복판에 놓인 쓰레기통, 개똥 같은 것들이 있으면 시각 장애인들이 움직이기 아주 불편해지지요!

빵집

54

시각 장애인 안내견

시각 장애인 안내견들은 훈련을 완전히 끝낸 뒤에 시각 장애인들에게 보내져요. 안내견들은 시각 장애인이 올바른 방향을 잡도록 이끌어 주고, 위험을 알려 주며, 다른 사람들과 쉽게 접촉할 수 있게 도와주지요. 인도가 끝나는 가장자리를 알려 주고, 계단이 나오면 신호를 보낼 뿐 아니라 우체통을 찾아 주기도 한답니다. 우리나라에서는 시각 장애인 등급 1~3급에 해당하면 일정 절차를 거쳐 안내견을 무료로 제공받을 수 있어요.

시각 장애인은 어떻게 글을 쓰나요?

《 시각 장애인은 브라유 점자로 글을 쓰지요. 점자는 오돌토돌 튀어나온 점들로 이루어진 글자예요. 일정한 규칙에 따라 도드라진 점들을 손가락 끝으로 만져서 읽어요. 약 200년 전쯤에 젊은 시각 장애인 루이 브라유가 이 글자를 만들었어요. 브라유 점자에는 모두 64가지 조합이 있답니다. (73쪽을 보세요)

이 조합으로 알파벳, 억양, 숫자, 구두점은 물론이고 음표까지도 쓸 수 있어요. 우리나라에서는 맹인의 세종 대왕이라고 불리는 박두성 선생님이 1926년 11월에 한글 점자를 만들고 훈맹정음이란 이름을 붙였어요. (70쪽을 보세요)

점자를 쓸 때는 점자용 판에 종이를 대고 송곳처럼 생긴 도구로 점을 찍거나 점자기라는 기계를 이용해요. 보통 책 한 쪽을 점자로 바꾸면 두 쪽 반 정도 돼요. 《해리 포터》 시리즈도 점자로 번역이 되어 있답니다. 1부는 점자 책으로 아홉 권이래요. **》**

시각 장애인을 위한 컴퓨터

시각 장애인도 컴퓨터를 사용할 수 있어요. 인터넷도 검색할 수 있지요. 시각 장애인을 위한 점자 음성 컴퓨터가 있거든요. 시각 장애인들이 점자와 소리를 이용해 컴퓨터를 쓸 수 있게 해 주지요.

청각 장애인은 왜 말을 하지 못하나요?

청각 장애인은 목소리를 낼 수 있어요. 다만 언어를 배우기가 어려울 뿐이에요. 어떤 단어를 발음하려면 우선 그 소리를 들어야만 하거든요.

헬렌 켈러의 경우를 보면 말을 배우기가 왜 어려운지 이해할 수 있어요. 헬렌 켈러는 어렸을 때 병에 걸려서 눈과 귀가 멀고 말을 하지 못하게 되었어요. 다행히도 한 젊은 선생님이 인내심을 가지고 끈질기게 가르친 덕분에 헬렌 켈러는 말하는 법과 수화를 배웠지요.

점점 많은 청각 장애인이 소리를 크게 만드는 장비를 착용해요.

말하는 능력을 포기한 정신 장애인들도 있어요. 그런 사람들은 아주 적은 단어만 사용하기 때문에 감정을 충분히 표현할 수 없지요. 그래서 소리를 내지르거나 울기도 하고, 손짓을 하거나 표정을 지어서 의사소통을 해요. 그림을 그리거나 손짓 신호를 배워서 쓰기도 해요.

청각 장애인은 어떻게 자기 생각을 표현하나요?

» 청각 장애인끼리는 대개 **수화**를 사용해요. 수화는 **몸짓이나 손짓으로 말하는 방법이에요.** 단어마다 정해진 신호가 있지요.(74쪽을 보세요) 손짓만 할 때도 있고, 얼굴 표정을 이용해서 표현하기도 해요. 수화를 쓰는 사람을 본 적이 있나요? 정말 아름다운 몸짓이랍니다.

소리를 들을 수 있는 사람들과 의사소통할 때는 수화 통역사에게 도움을 청해요. 수화 통역사들은 입으로 하는 말을 수화로 통역할 수 있고, 그 반대로도 할 수 있어요. 텔레비전이나 병원, 극장에서 수화 통역사들을 볼 수 있지요. »

입술 모양 읽기

청각 장애인은 입술 모양을 읽는 방법을 배우기도 해요. 이때 함께 대화하는 사람은 '단서 언어'를 사용하지요. 단서 언어는 청각 장애인이 말뜻을 더 잘 이해할 수 있게 말과 손짓을 함께 사용하는 언어를 말해요. 예를 들어 'ㅁ'이나 'ㅂ', 'ㅍ'을 발음할 때는 입술 모양이 비슷하기 때문에 손짓을 해서 더 잘 구분할 수 있게 하지요.

장애가 있는 어린이도 친구들과 함께 학교에 다닐 수 있어야 해요!

누구나 중학교까지는 반드시 학교에 다녀야 해요. 장애가 있는 어린이도 집 근처 학교에 다닐 수 있어요. **그렇게 하면 장애가 있든 없든, 모든 사람이 함께 살아가는 법을 배울 수 있지요.** 하지만 안타깝게도 현실적으로 모든 학교가 장애인 학생을 받지는 못해요. 도와줄 선생님이 부족하거나 엘리베이터가 없는 등 여러 문제가 있거든요. **적당한 학교가 없어서 학교 공부를 하지 못하는 장애 어린이도 있어요.**

특수학급에 있을 때 더 편안하게 생활하는 장애 어린이도 있어요. 같은 장애 어린이들 사이에서는 비교적 경쟁이 적고, 장애 어린이들의 속도에 맞춰 수업을 하거든요. 특수학급은 대개 학생 수가 적어요. 각자에게 알맞은 활동을 할 수 있고 일과에 따라 함께 보살핌을 받는 특수학교도 있어요. 집이 먼 학생들은 기숙사에 들어가거나 통신 교육을 받을 수도 있지요.

시험을 치를 때, 공부하는 속도가 느린 장애 어린이는 다른 학생들보다 시간을 더 많이 받을 수 있어요. 그건 장애 어린이가 공부를 못한다는 뜻이 아니에요. 장애가 있다는 사실을 고려해서 그렇게 할 뿐이지요.

특별한 도움

장애 어린이는 학교생활을 편리하게 하기 위해서 특수 교육 보조원 선생님에게 도움을 받을 수 있어요. 특수 교육 보조원 선생님은 장애 어린이와 학교에서 하루를 보내요. 책가방을 들고 물건을 챙기는 일, 필기를 하거나 학교 식당에서 밥 먹는 일 등을 잘할 수 있도록 도와주지요.

장애인도 일할 수 있나요?

"장애가 아주 심해서 언제나 다른 사람에게 도움받아야 하는 경우가 아니면 장애인도 일할 수 있어요.

장애가 없는 사람들처럼 공부할 수 있고, 일할 권리도 있지요.

나라마다 의무적으로 장애인을 고용하도록 법으로 정해 놓았어요. 우리나라는 직원이 50명 이상 되는 회사에서는 반드시 전체 직원의 3퍼센트 이상을 장애인으로 고용하도록 정해져 있지요. **장애인을 고용하지 않으면 나라에 벌금을 내야 해요.** 이 돈은 장애인 노동자들을 돕는 일에 쓰인답니다. 하지만 불행히도 장애인 고용을 망설이는 기업들이 아직도 너무 많아요. 대개는 장애인을 잘 알지 못해서 생기는 일이지요.

장애인이 일할 수 있게 특별히 만든 시설도 있어요. 장애인 근로 센터는 그런 곳들 가운데 하나예요. 정원사, 미술품 복원, 세탁업, 포장 등의 일을 할 수 있어요.

현재 일할 수 있는 수많은 장애인이 안타깝게도 일을 하지 못하고 있답니다. 이동하기가 어렵다거나 장애인에게 맞춰 만든 특별한 사무실이 필요한 사람이 일자리를 구하기가 더 어렵지요.

일하는 장애인의 권리를 보호하는 법률은 점점 많아져요. **하지만 사람들의 사고방식을 바꾸기가 쉽지 않네요.**"

장애인인 우리 고모는 계속 할아버지, 할머니와 함께 살아요!

» 혼자서 생활하기 어려운 장애인들은 대개 어른이 된 다음에도 계속 가족과 함께 살아요. 날마다 함께 지내야 하는 부모님에게는 쉬운 일이 아니지요. **힘이 들고 인내심이 많이 필요할 뿐 아니라 늘 시간을 비워 두어야 하니까요.**

부모님이 점점 나이가 들어서 장애인 자녀를 돌볼 수 없게 되는 것도 문제예요. 그래서 형제자매나 삼촌 또는 이모처럼 다른 식구들이 책임을 맡기도 하지요.

장애인 시설에 들어가는 경우도 있어요. 그런 곳에서는 특별히 훈련받은 사람들이 장애인을 돌보지요. 치료사나 간호사, 정신과의사 같은 사람들이 장애인을 도와줘요. 장애인 시설에는 각자의 방이 있고, 자기 가구나 텔레비전, 컴퓨터 등을 따로 쓰면서 가족이나 친구들을 맞이할 수 있어요. 하지만 부엌과 식당은 다른 사람들과 함께 사용하는 경우가 많지요.

나라에서 주는 도움

우리나라에서는 장애인이 생활하면서 실질적인 혜택을 받을 수 있도록 장애인에게 장애인복지카드를 발급해 주어요. 이 카드로 지하철을 무료로 이용할 수 있고, 자동차를 구매할 때 세금을 면제받는 등 여러 가지 혜택을 누릴 수 있지요. 장애인들이 힘들지 않게 살게 하려면 나라가 장애인들을 더욱더 많이 도와줘야 해요.

혼자서 생활할 수 있는 장애인은 도우미나 간호사의 도움을 가끔씩 받으며 혼자 살기도 해요.

여러 단체는 장애인들이 외톨이처럼 생활하지 않게 서로 만나고, 운동도 하고 (흔히 '장애인 스포츠'라고 하지요), 외출할 수 있는 기회를 만들어요.

최근에 장애인이 아닌 몇몇 젊은이가 장애인들과 함께 바다를 가로질러 세계 일주를 하려고 배를 개조하기도 했답니다.

장애인들이 장애가 없는 사람들과 여가를 함께 즐기는 자리를 마련하는 단체들도 있어요.

장애인도 결혼해서 아이를 낳을 수 있나요?

장애인과 장애인이 아닌 사람이 결혼하는 경우는 무척 많아요. 그런 부부도 '보통' 사람들처럼 살아가요. 서로 차이를 받아들이고 익숙해지면서 살지요. 지체 장애인 부부나 시각 장애인 부부처럼 장애인 부부들도 있답니다. 사랑이란 언제 어떻게 맺어질지 모르잖아요!

하루하루가 평범한 부부보다 힘들지 모르지만, 장애인 부부들은 대개 강한 사람들이고 삶의 기쁨을 느끼고 싶어 해요. 하지만 안타깝게도 장애인에게 알맞은 주택이 많지 않아요. 장애인 부부들은 적당한 해결책을 찾으려고 대부분 직접 동분서주하는 수밖에 없어요. 그래도 인터넷 덕분에 충고해 주고 기운을 북돋아 줄 단체나 다른 부부들을 만나기 쉬워졌어요. 장애인 부부는 다른 사람들처럼 살아가는 것을 무척 자랑스러워해요. 대부분은 아이도 낳을 수 있지요. 장애인 부부가 낳은 아이라고 해서 반드시 장애가 있지는 않아요.

정신 장애인의 경우에는 문제가 좀 복잡해요. 정신 장애인들은 자립하기 어려운 경우가 많아서 삶에 큰 영향을 미치는 결정을 내리기가 쉽지 않거든요. 정신 장애인들은 어른이 되면 특수한 시설에 들어가서 자기 방과 물건을 사용하며 살곤 해요.

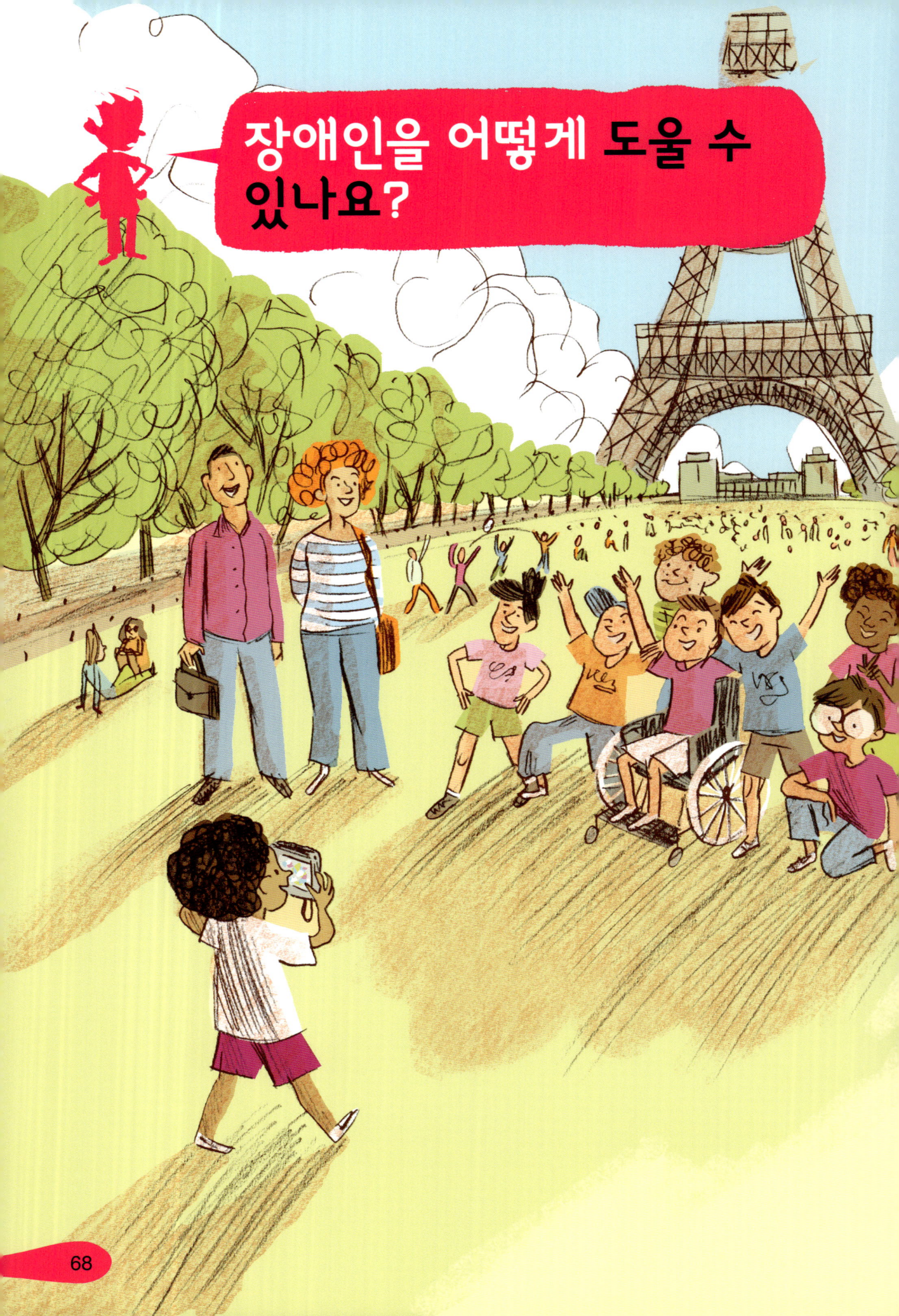

다른 사람들을 대할 때와 똑같이 장애인을 자연스럽게 대하세요.

주의를 기울이고, 장애인이 느끼는 불편을 헤아려 보세요. 열린 마음과 이해심을 보여 주세요. 예를 들어, 장애인 친구를 생일잔치에 초대하거나 함께 산책을 하자고 제안해도 좋아요! **장애가 있는 사람에게는 자신의 차이를 받아들이고 자신감을 얻게 도와줄 친구가 꼭 필요하거든요.**

학교나 거리에서 장애인을 만나면 **도움이 필요한지 물어보세요.**

장애가 있는 어린이들과 그렇지 않은 어린이들이 함께 활동하는 **단체나 어린이 센터, 동아리에 들어갈 수도 있어요.** 이런 활동을 통해서 서로 이해하고 함께 살아가는 법을 배울 수 있지요.

여러분이 사는 **동네의 주민 센터나 구청에 어린이 모임이 있다면,** 그곳에 참여해서 장애인들의 삶을 보다 편리하게 만드는 아이디어를 낼 수 있어요.

부모님과 함께 장애인 단체를 하나 정해서 **후원금을 낼 수 있어요.** 후원이 필요한 단체는 많이 있답니다.

우리나라 점자는 어떻게 쓰나요?

" 우리나라 점자는 박두성 선생님이 1926년에 오랜 연구 끝에 만들었어요. 점자는 시각 장애인들이 사용하는 문자예요. 작고 둥근 6개의 점을 일정한 규칙에 따라 볼록 튀어나오게 만들었지요. 한글의 경우 초성과 모음, 종성에 해당하는 점자가 모두 달라요. 점자를 쓸 때는 초성, 모음, 종성 순서대로 적고, 초성이 ㅇ일 경우에는 생략해요. 초성이 된소리이면 앞에 된소리표를 덧붙이지요. 예를 들어, '책'이라는 글자를 점자로 쓰기 위해서는 'ㅊ ㅐ ㄱ'으로 풀어써야 하지요. "

초성 자음

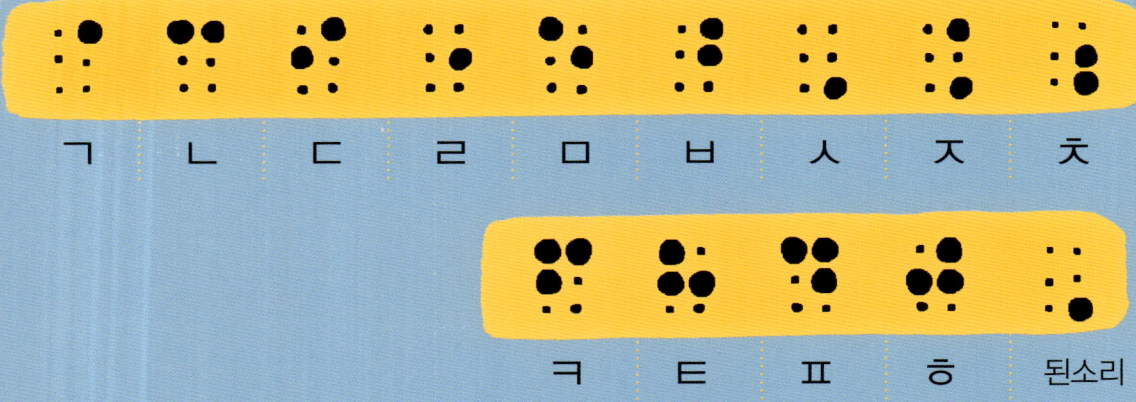

ㄱ ㄴ ㄷ ㄹ ㅁ ㅂ ㅅ ㅈ ㅊ

ㅋ ㅌ ㅍ ㅎ 된소리

모음

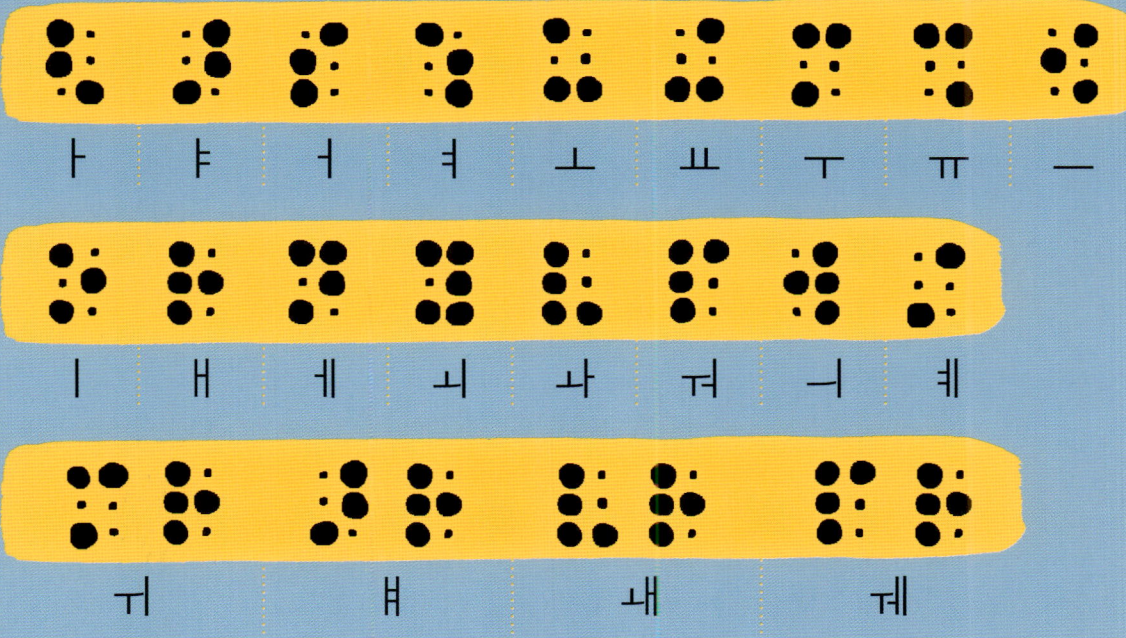

종성 자음

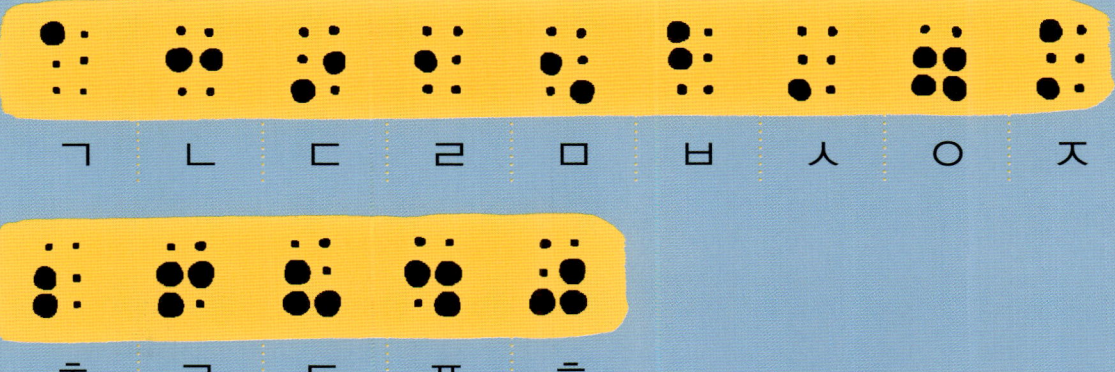

이 말은 무슨 뜻일까요? 점자표를 보고 읽어 보세요!

숫자/연산

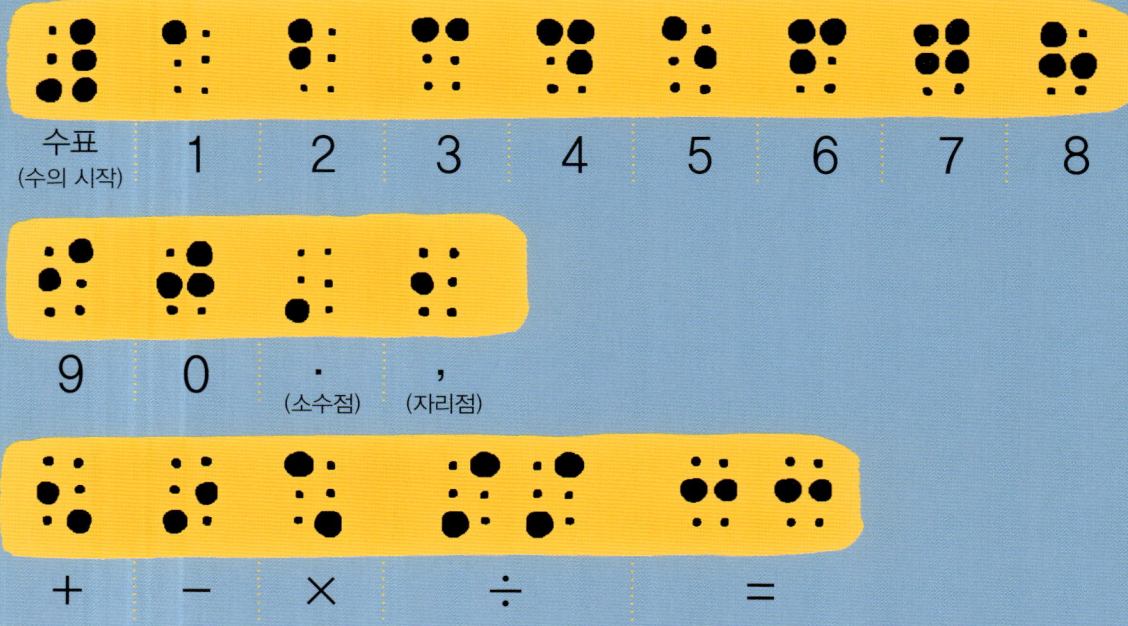

알파벳

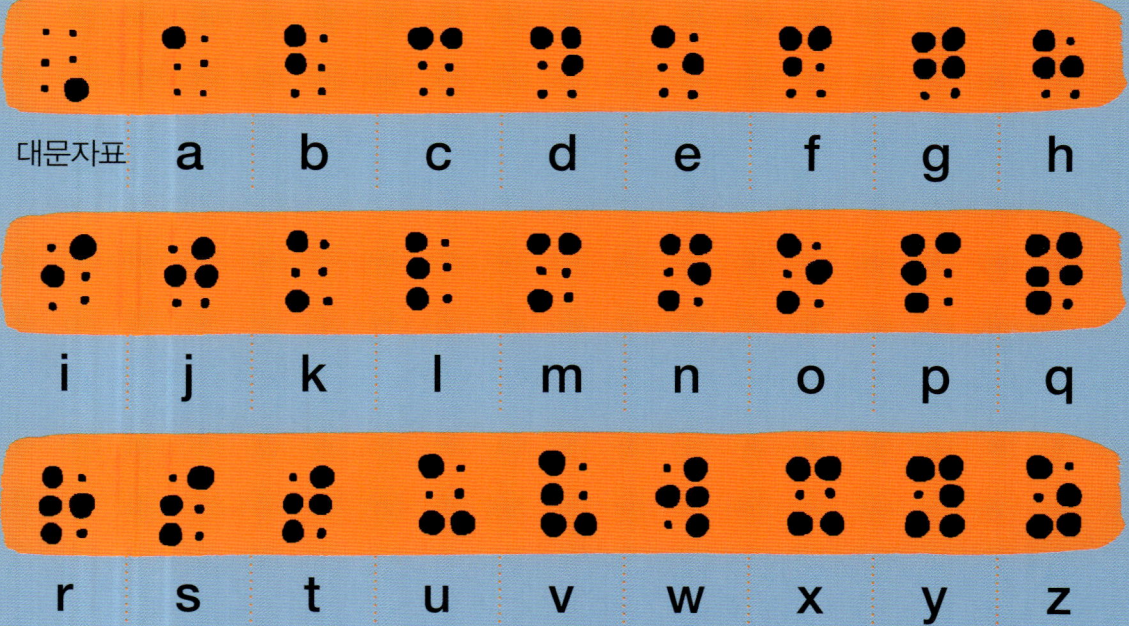

브라유 점자는 무엇인가요?

브라유 점자는 1829년에 프랑스 시각 장애인 루이 브라유가 발명했어요. 오돌토돌 튀어나온 점들을 손가락 끝으로 만져서 읽으면 돼요. 모두 64가지 조합을 만들 수 있어요. 이 조합으로 알파벳, 억양, 숫자, 구두점은 물론이고 음표까지도 쓸 수 있지요.

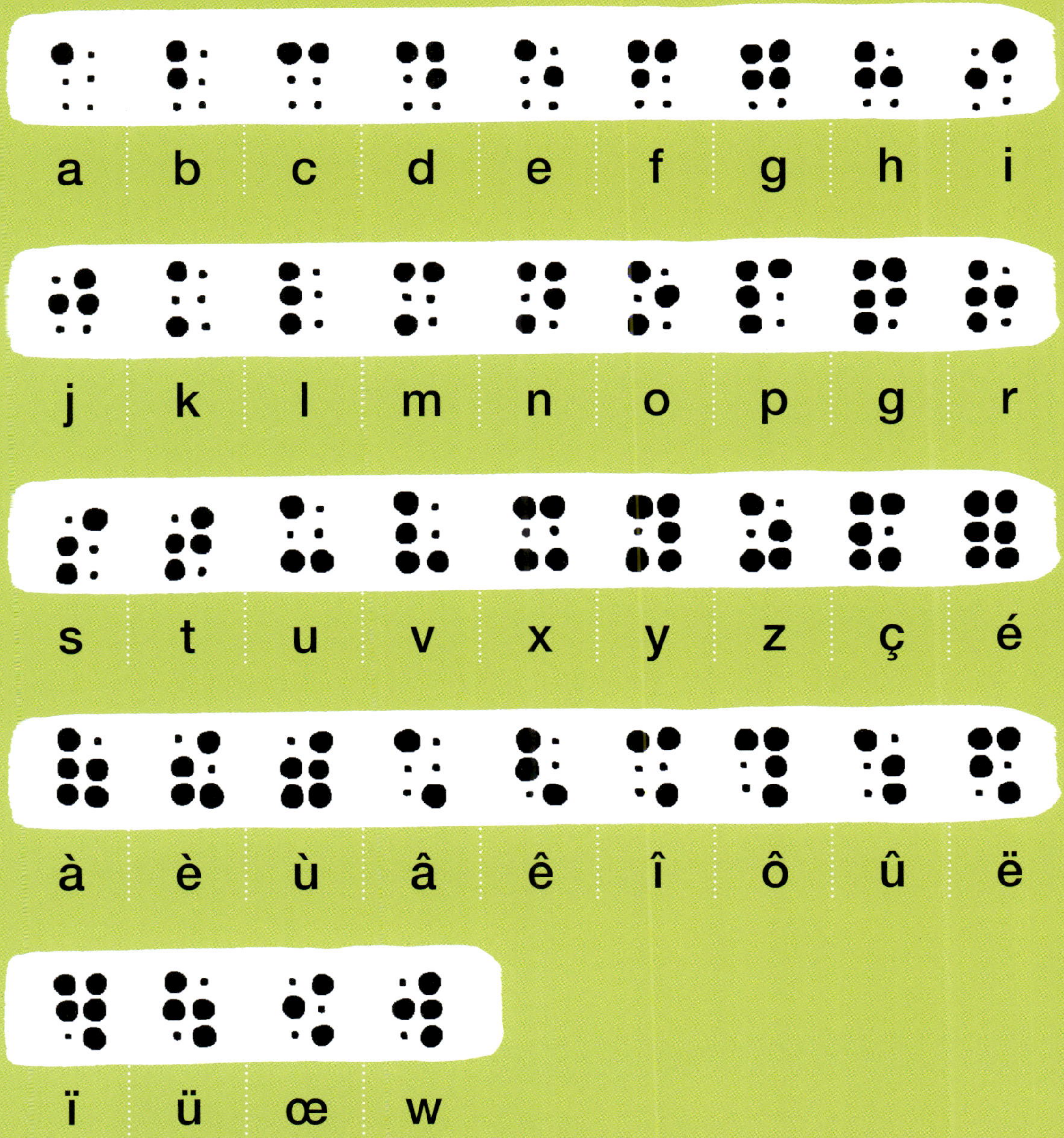

a b c d e f g h i

j k l m n o p q r

s t u v x y z ç é

à è ù â ê î ô û ë

ï ü œ w

우리나라 수화는 어떻게 하나요?

수화는 손짓과 몸짓, 표정을 사용하는 언어예요. 나름대로 문법과 특별한 단어도 있는 진짜 언어지요. 손짓과 얼굴 표정을 사용해서 신호를 보내고, 신호마다 뜻이 다 달라요. 우리나라 수화는 크게 한글 자음과 모음을 나타내는 지문자와 숫자를 나타내는 지숫자, 영어 알파벳을 나타내는 영문지화, 특별한 단어나 문장을 나타내는 수화 표현이 있어요.

나라마다 언어가 다르듯 수화도 나라마다 달라요. 우리나라 한글 지문자는 1947년 국립맹아학교 초대 교장 윤백원 선생님이 처음 만들었어요. 그 뒤로 시간이 흐르면서 오늘날 지문자로 바뀌었답니다.

사랑의 수화 교실(http://www.cein21.net/suhwoa), 수화배우기(http://www.cein21.net/suhwoa/teukgi) 사이트에 들어가면 우리나라 수화가 자세히 소개되어 있어요.

수화할 때는 이런 점을 조심해야 해요!
1) 수화를 할 때에는 표정과 몸짓을 풍부하게 해요.
2) 웃어른과 수화를 할 때는 자세와 표정을 공손하게 해야 해요.
3) 상대방이 쉽게 알아볼 수 있게 가슴 앞쪽에서 수화를 하며 손의 방향과 위치, 모양을 정확하게 해야 해요.

자음

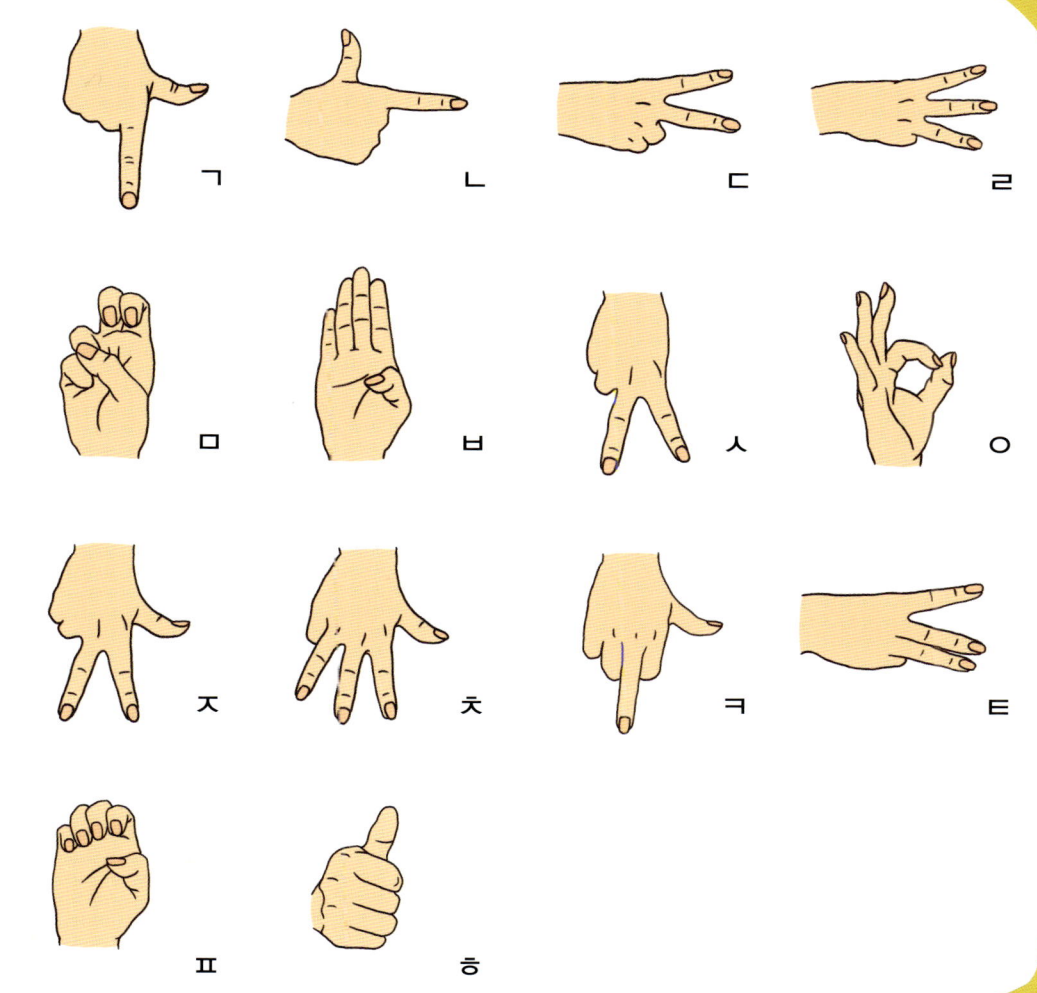

쌍자음

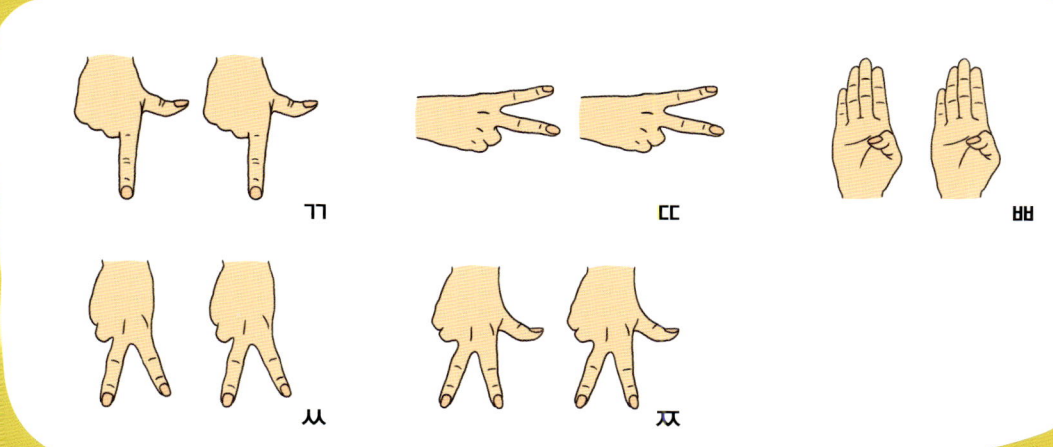

75

모음

ㅏ
ㅑ
ㅓ
ㅕ
ㅗ
ㅛ
ㅜ
ㅠ
ㅡ
ㅣ
ㅐ
ㅒ
ㅔ
ㅖ
ㅢ
ㅚ
ㅟ

숫자

1
2
3
4
5
6
7
8
9
10

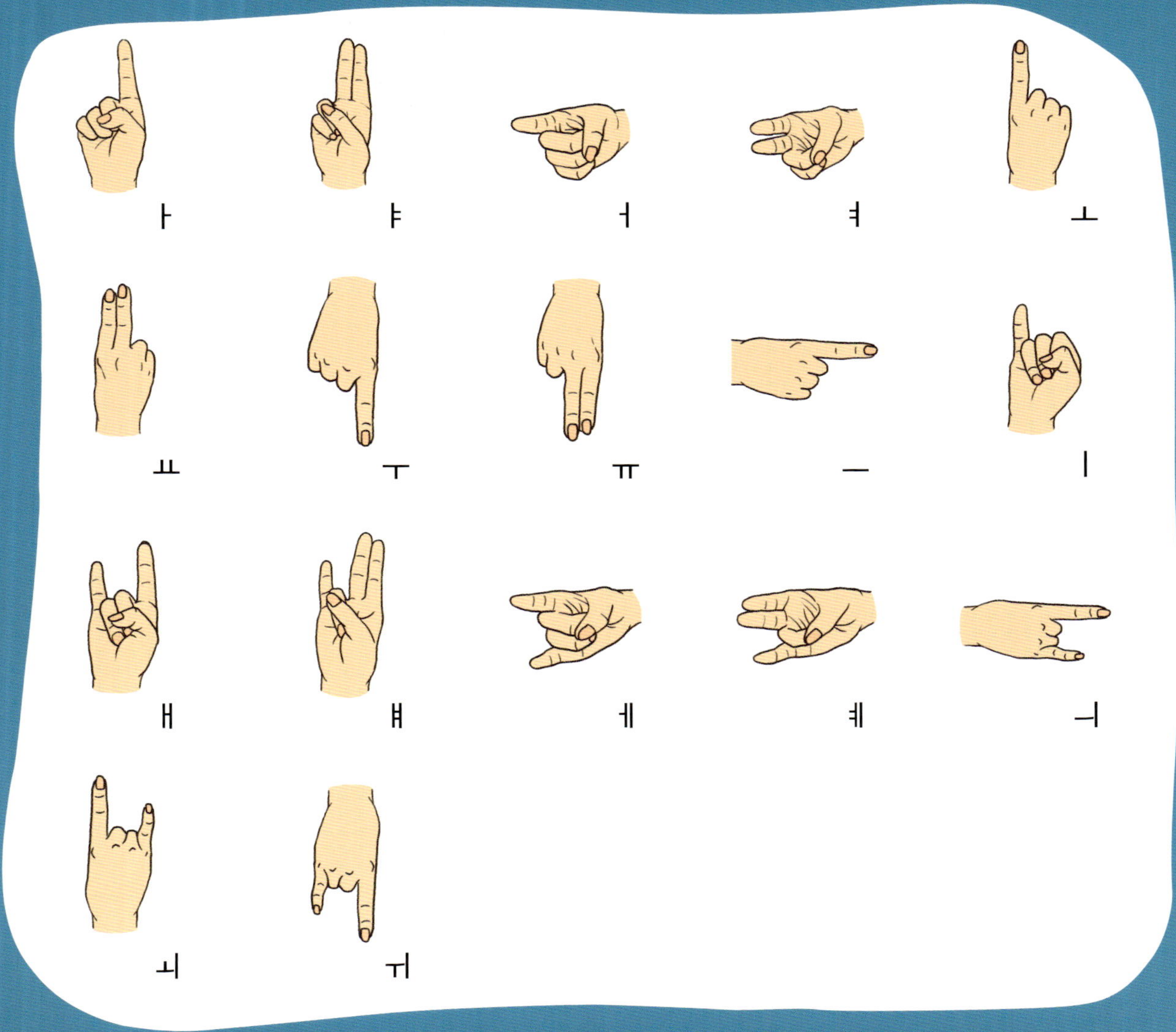

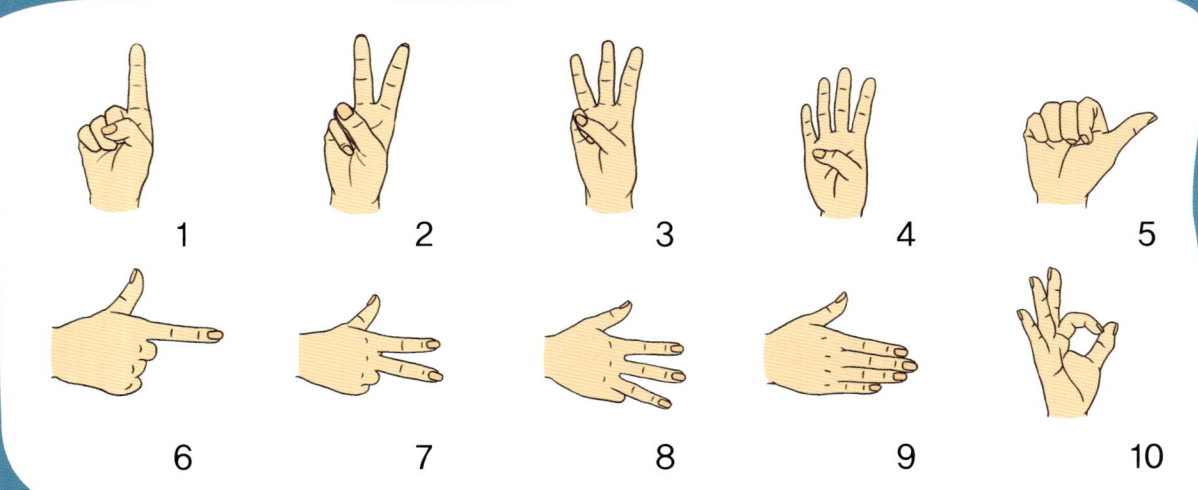

알파벳

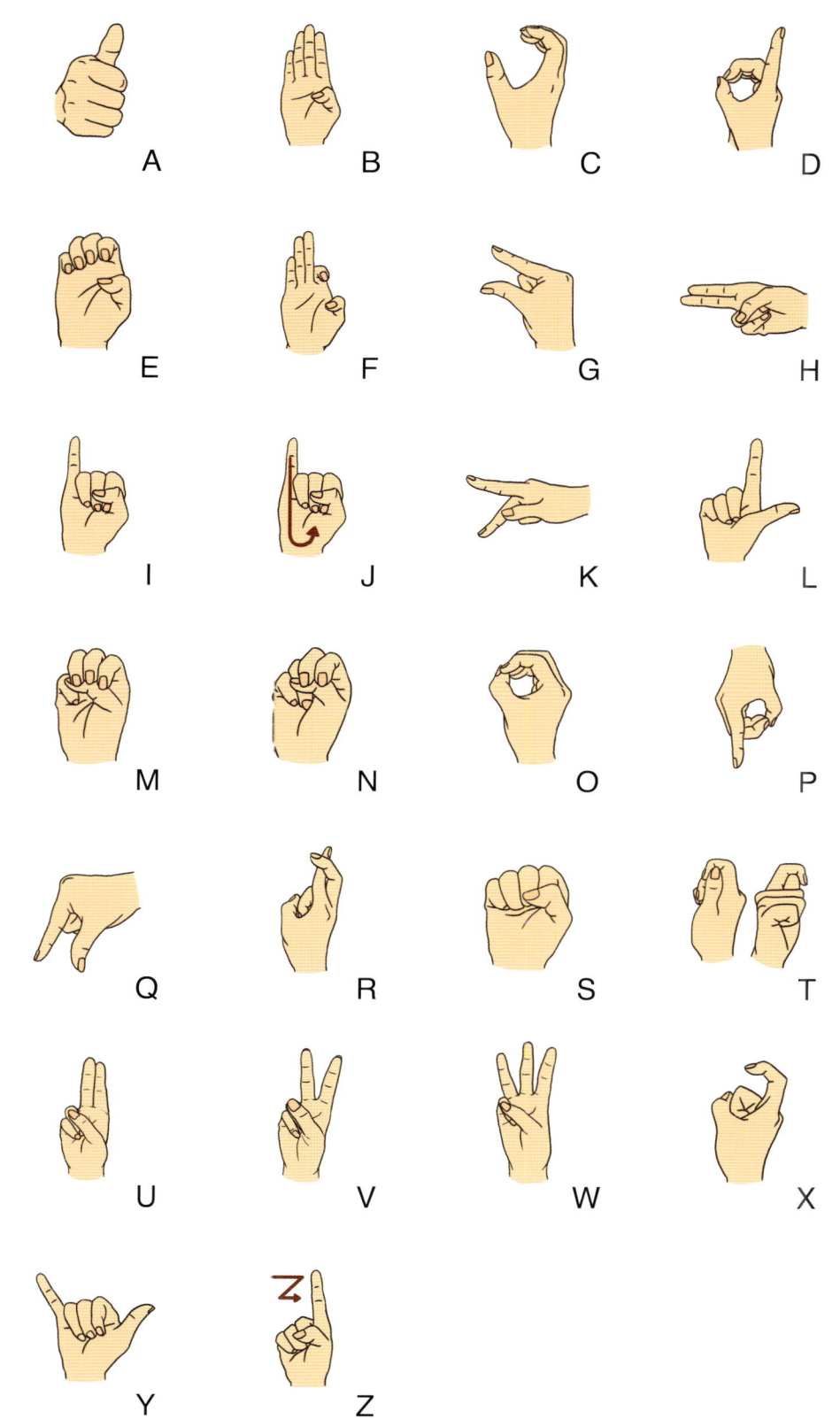

생각을 톡(toc) 틔워 주고, 마음속에 담긴 이야기(talk)를 나눌 수 있는 책을 만듭니다.

따뜻한 감동이 듬뿍
문학톡

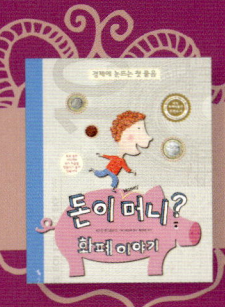

지혜롭고 행복한
경제톡

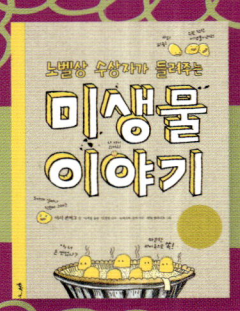 

과학적 상상력을 자극하는
과학톡

창의적 자기표현 속으로
디자인톡

  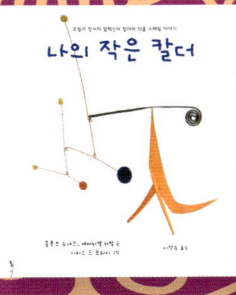  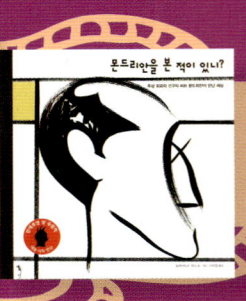